TARIFFE

DE

LA DOANNE

DE LYON,

POVR LE ROY.

A LYON,

Chez ANTOINE JULLIERON, seul Imprimeur &
Libraire ordinaire du Roy, du Clergé, & de la Ville,
en la Place de Confort, aux deux Viperes.

M. DC. LXXX.

Avec Privilege de Sa Majesté.

TARIFFE

DE
LA DOANNE
DE LYON,
POVR LE ROY.

STAT des denrées & marchandifes, drogueries & efpiceries, fur lefquelles le Roy veut & entend les droicts de Doanne eftre pris & levez dans fa ville de Lyon, & Fauxbourgs d'icelle : tant pour les cinq pour cent fur tous draps & eftoffes, mattieres d'or & d'argent, de foye, & autres marchandifes eftrangeres : quatre, & deux & demy pour cent fur toutes fortes de drogueries & efpiceries : & deux & demy pour cent des marchandifes originaires du Royaume : enfemble les droicts de reapreciation que fa Majefté par fes Lettres patentes du quatorziéme jour d'Aouft mil fix cens trente-deux, a ordonné

A 2   eftre

4

eftre pareillement pris & leuez fur toutes lefdites marchandifes, drogueries & efpiceries, tous priuileges ceffans pour
ce regard, fans neantmoins que le Fermier du tiers-fur-taux
de ladite Doanne, puiffe pretendre autres plus grands
droicts, que ceux qu'il leve à prefent fur le pied des an-
ciennes taxes. Et fera le prefent eftat gardé & obfervé dans
les Prouinces de Languedoc, Prouence & Dauphiné, comme en ladite ville de Lyon, pour les marchandifes, drogueries & efpiceries, fubiectes à cinq, quatre, & deux &
demy pour cent : mefme fur les drogueries & efpiceries,
qui entrent dans lefdites Prouinces, venans de la mer du
Ponant.

Obseruation

Les Marchandifes Etrangeres Venant a Lion
par Les Bureaux des Cinq Groffes fermes
Sujettes aux Droits du Tarif de 1664 y payent
Le quart desdits droits et Viennent Ensuitte
a Lyon y aquitter Ceux de la Douanne

Observation

Sur Les poids dont on se Sert au Bureau gñal de la
douanne de Lyon.

Pour Touttes sortes de Sozeriez, Etoffes d'or et
d'arjent & de Soye, Drogueries, Epiceries, et touttes
Sortes de Marchandises Etrangeres, Les Droitz s'y
Exigent Poidez de Marc.

Et pour Les Marchandises originaires du Royaume
Les droitz s'y payent Poidez de Ville, plus foible de
16 p⁰/₀ que le poidez de Marc.

Quand Les Marchandises payent a L'Estimation
Comme non Comprises ny denommées dans le Tarif.

Les Etrangers y payent 5 p⁰/₀ de La Valeur
moderement Estimées

Et Les Originaires, Comme par Exemple Les Mizes
Venant de Paris, elles y payent 2 ½ pour ⁰/₀ pro ance
Le sol pour Livre ancien

Et Sur Touttes Celles cy dessus qui payent au poidez
on fait La Tarre, ou deduction de L'Embalage Suivant
L'Usage, Comme aussi Celles qui sont sujettes a Coulage
ou Epanchement.

Observation
Sur Les drogueries et Epiceriez

Celles qui Viennent a Lyon par Les Bureaux
des C. G. F. ayant payé Les Droitz d'Entrée du
Royaume tenant lieu des 4 p⁰/₀ et de la
reapreciation D'jceux, ne doivent plus au Bureau

de La Douanne que Le Simple droit de $2\frac{1}{2}$ p°/°
Et La reapreciation d'jceluy Contenüe aux deux
premiers articles du Tarif

Jdem Celles qui Viennent par Marseille dont
La ville est Exemple desditex droitx de 4 p°/° et
de La reapreciation, par vn privilege particulier.

Jdem Celles qui Viennent par Les Bureaux de
Provence et Languedoc, Lesquelles payent 4 p°/°
au Domaine, aulieu qu'a Lion le droit est Vni a
Celuy de La Douanne

Et Les Droqueries, Et Epiceries Venant a Lion par
Le Pont de Beauvoisin payent Les Droitx en Entier
Contenus aux 4 Articles du Tarif, attendû quelles
neu ont payé aucunes, Elles payent en outre Le Sol
p.tt ancien de La Totalité desditx Droits et vn
Droit d'aquit de 6.ʳ

Eſpiceries & Drogueries.

A

AGaric, le quintal cy-deuant taxé, dix-ſept ſols ſix deniers. —ℒ— ß 17 § 6
    Et pour la nouuelle reapreciation, dix ſols. ——————ℒ—ß 10 §—
    Pour les quatre pour cent cy-deuant taxez,vingt ſols. —ℒ 1 ß— §—
    Et pour la nouuelle reapreciation, vingt-cinq ſols. ——ℒ 1 ß 5 §—
Aloës, le quintal cy deuant taxé, trois liures deux ſols ſix deniers.ℒ 3 ß 2 § 6
    Et pour la nouuelle reapreciation, quinze ſols. ———ℒ—ß 15 §—
    Pour les quatre pour cent cy-deuant taxez, quatre liures.ℒ 4 ß— §—
    Et pour la nouuelle reapreciation, trente-cinq ſols. ——ℒ 1 ß 15 §—
Alun de plumes, le quintal cy-deuant taxé, trois liures ſix ſols
    quatre deniers. ————————————————ℒ 3 ß 6 § 4
    Et pour la nouuelle reapreciation, ——————————neant.
Alun gras du pays, le quintal cy-deuant taxé, deux ſols. ——ℒ—ß 2 §—
    Et pour la nouuelle reapreciation, deux ſols. ———ℒ—ß 2 §—
Alun, le quintal cy-deuant taxé, ſix ſols quatre deniers. ——ℒ—ß 6 § 4
    Et pour la nouuelle reapreciation, cinq ſols. ——ℒ—ß 5 §—
    Pour les quatre pour cent cy-deuant taxez, trois liures. ℒ 3 ß— §—
    Et pour la nouuelle reapreciation, vingt-deux ſols. ——ℒ 1 ß 2 §—
Ambre gris, pour tous droicts, la liure cy deuant taxée, douze li-
    ures neuf ſols. ———————————————ℒ 12 ß 9 §—
    Et pour la nouuelle reapreciation, ——————————neant.
Ambre jaune, le quintal cy-deuant taxé, trois livres cinq ſols. —ℒ 3 ß 5 §—
    Et pour la nouuelle reapreciation, vingt ſols. ————ℒ 1 ß— §—
Ambre en roche, le quintal cy-deuant taxé, ſeize ſols. ———ℒ—ß 16 §—
    Et pour la nouuelle reapreciation, cinq ſols. ———ℒ—ß 5 §—
Amidon, le quintal cy-deuant taxé, trois ſols. ————ℒ—ß 3 §—
    Et pour la nouuelle reapreciation, cinq ſols. ———ℒ—ß 5 §—
Angelica, le quintal cy-deuant taxé, trois liures deux ſols ſix den. ℒ 3 ß 2 § 6
    Et pour la nouuelle reapreciation, ——————————neant.
    Pour les quatre pour cent cy-deuant taxez, douze liures.ℒ 12 ß— §—
    Et pour la nouuelle reapreciation, ——————————neant.
Antimoine, le quintal cy-deuant taxé, trois ſols trois deniers. ——ℒ—ß 3 § 3
    Et pour la nouuelle reapreciation, vn ſol. ————ℒ—ß 1 §—
    Pour les quatre pour cent cy-deuant taxez, huict ſols. —ℒ—ß 8 §—
    Et pour la nouuelle reapreciation, quatre ſols. ———ℒ—ß 4 §—
Antofle de gerofle, le quintal cy-deuant taxé, quarante-ſept ſols
    ſix deniers. ——————————————ℒ 2 ß 7 § 6
    Et pour la nouuelle reapreciation, dix ſols. ———ℒ—ß 10 §—
    Pour les quatre pour cent cy-deuant taxez, trois liures. ℒ 3 ß— §—
    Et pour la nouuelle reapreciation, trente ſols. ———ℒ 1 ß 10 §—
Anis en graine, le quintal cy-deuant taxé, trois ſols neuf deniers. ℒ—ß 3 § 9

Et pour la nouuelle reapreciation, deux ſols. ———————*ℓ*—ß 2 ℬ—

Pour les quatre pour cent cy-deuant taxez, quatre ſols. —*ℓ*—ß 4 ℬ—

Et pour la nouuelle reapreciation, quatre ſols. ———*ℓ*—ß 4 ℬ—

Arcanette, le quintal cy-deuant taxé, quatre ſols. ———————*ℓ*—ß 4 ℬ—

Et pour la nouuelle reapreciation, deux ſols. ——*ℓ*—ß 2 ℬ—

Arcenic, le quintal cy-deuant taxé, treize ſols trois deniers. —*ℓ*—ß 13 ℬ 3

Et pour la nouvelle reapreciation, ————————————————neant.

Pour les quatre pour cent cy-deuant taxez, douze ſols. *ℓ*—ß 12 ℬ—

Et pour la nouuelle reapreciation, huiċt ſols. ———*ℓ*—ß 8 ℬ—

Aſphaltum, le quintal cy deuant taxé, quarante-deux ſols neuf
deniers. ————————————*ℓ* 2 ℬ 2 ℬ 9

Et pour la nouuelle reapreciation, ——————————————neant.

Pour les quatre pour cent cy-deuant taxez, vingt ſols. —*ℓ* 1 ß—ℬ—

Et pour la nouuelle reapreciation, vingt ſols. ———*ℓ* 1 ß—ℬ—

Aſſarum, le quintal cy-deuant taxé, onze ſols. ———*ℓ*—ß 11 ℬ—

Et pour la nouuelle reapreciation, ———————————neant.

Pour les quatre pour cent cy-deuant taxez, huiċt ſols. *ℓ*—ß 8 ℬ—

Et pour la nouuelle reapreciation, ——————————neant.

Aſpiny, ou Eſpines Angelieres, le quintal cy-deuant taxé, trois
liures douze ſols ſix deniers. ——————————*ℓ* 3 ß 12 ℬ 6

Et pour la nouuelle reapreciation, ———————————neant.

Pour les quatre pour cent cy-deuant taxez, douze ſols. *ℓ*—ß 12 ℬ—

Et pour la nouuelle reapreciation, ———————————neant.

Argent vif, le ballon de cent cinquante liures, cy-deuant taxé,
quarante-cinq ſols. ———————*ℓ* 2 ß 5 ℬ—

Et pour la nouuelle reapreciation, ———————————neant.

Pour les quatre pour cent, le quintal cy-deuant taxé,
vingt-quatre ſols. —————————————*ℓ* 1 ß 4 ℬ—

Et pour la nouuelle reapreciation, quarante ſols. ——*ℓ* 2 ß—ℬ—

Arſtoʲogie, le quintal cy-deuant taxé, cinq ſols. ———*ℓ*—ß 5 ℬ—

Et pour la nouuelle reapreciation, deux ſols. ———*ℓ*—ß 2 ℬ—

Aſſeċteum, le quintal cy-deuant taxé, treize ſols quatre deniers. *ℓ*—ß 13 ℬ 4

Et pour la nouuelle reapreciation, ſix ſols huit deniers. —*ℓ*—ß 6 ℬ 8

Pour les quatre pour cent cy-deuant taxez, vingt ſols. —*ℓ* 1 ß—ℬ—

Et pour la nouuelle reapreciation, dix ſols. ———*ℓ*—ß 10 ℬ—

Aſſa fœtida, le quintal cy-deuant taxé, cinquante-deux ſols ſix
deniers. ——————————————*ℓ* 2 ß 12 ℬ 6

Et pour la nouvelle reapreciation, deux ſols ſix deniers. *ℓ*—ß 2 ℬ 6

Pour les quatre pour cent cy-deuant taxez, trois liures. *ℓ* 3 ß—ℬ—

Et pour la nouuelle reapreciation, ——————————————neant.

Azur fin, la liure cy-deuant taxée, deux ſols quatre deniers. ——*ℓ*—ß 2 ℬ 4

Et pour la nouuelle reapreciation, ————————————neant.

Pour les quatre pour cent, le quintal cy-deuant taxé,
huiċt liures. ———————————————*ℓ* 8 ß—ℬ—

Et

Et pour la nouuelle reapreciation, trois liures. ————— ℔ 3 ß— §—
Azur moyen, le quintal cy-deuant taxé, trente fols. ————— ℔ 1 ß 10 §—
Et pour la nouuelle reapreciation, deux fols. ————— ℔— ß 2 §—
Azerbes, le quintal cy-deuant taxé, quarante-fept fols fix deniers. ℔ 2 ß 7 § 6
Et pour la nouuelle reapreciation, deux fols fix deniers. —℔— ß 2 § 6
Pour les quatre pour cent cy-deuant taxez, trois liures. —℔ 3 ß— §—
Et pour la nouuelle reapreciation, vingt fols. ————— ℔ 1 ß— §—
Amandes d'Efpagne, & autres Eftrangeres, le quintal cy-deuant
taxé, dix fols. ——————————— ℔— ß 10 §—
Et pour la nouuelle reapreciation, deux fols. ————— ℔— ß 2 §—
Amomy verum, le quintal cy-deuant taxé, trois liures deux fols
fix deniers. ———————————— ℔ 3 ß 2 § 6
Et pour la nouuelle reapreciation, dix-fept fols fix deniers. ℔— ß 17 § 6
Pour les quatre pour cent cy-deuant taxez, quatre liures. ℔ 4 ß— §—
Et pour la nouuelle reapreciation, vingt fols. ————— ℔ 1 ß— §—
Appros, ou Schine, le quintal cy-deuant taxé, trois liures. ————— ℔ 3 ß— §—
Et pour la nouuelle reapreciation, trente fols. ————— ℔ 1 ß 10 §—
Pour les quatre pour cent cy-deuant taxez, douze liures. ℔ 12 ß— §—
Et pour la nouuelle reapreciation, ———————————— neant.
Arquifoul, ou mine de plomb, le quintal, fix fols. ————— ℔— ß 6 §—
Auelines, le quintal, pour tous droicts, huict fols. ————— ℔— ß 8 §—
Aguitran, ou poix molle, le quintal, vn fol. ————— ℔— ß 1 §—

Marchandifes.

Acier de Piedmont & autres pays Eftrangers, le ballon cy-deuant
taxé, fix fols fix deniers. ————————— ℔— ß 6 § 6
Et pour la nouuelle reapreciation, le cent pefant, cinq fols. ℔— ß 5 §—
Acier fin & mol de Dauphiné, le ballon cy-deuãt taxé, quatre fols. ℔— ß 4 §—
Et pour la nouuelle reapreciatiõ, le cent pefant, quatre fols. ℔— ß 4 §—
Agnis furge d'Efpagne, la balle cy-deuant taxée, douze fols fix
deniers. ————————————— ℔— ß 12 § 6
Et pour la nouuelle reapreciation, le cent pefant, fix fols. ℔— ß 6 §—
Agnis furge, le quintal cy-deuant taxé, cinq fols. ————— ℔— ß 5 §—
Et pour la nouuelle reapreciation, deux fols. ————— ℔— ß 2 §—
Agnis laué, le quintal cy-deuant taxé, douze fols. ℔— ß 12 §— 6
Et pour la nouuelle reapreciation, fix fols. ————— ℔— ß 6 §—
Aiguilles de Milan, la balle cy-deuant taxéé, quarante-cinq fols. ℔ 2 ß 5 §—
Et pour la nouuelle reapreciation, dix fols. ————— ℔— ß 10 §—
Albaftre, ou Images de S. Claude dudit albaftre cy-deuant taxé,
trente fols. ———————————— ℔ 1 ß 10 §—
Et pour la nouuelle reapreciation, deux fols. ————— ℔— ß 2 §—

Alemelles

8

Allemelles d'efpées eftrangeres, la douzaine cy-deuant taxée,
    trois fols trois deniers. ——————————————ℓ—ß 3 § 3
        Et pour la nouuelle reapreciation, vn fol quatre deniers. ℓ—ß 1 § 4
Allemelles d'efpées de Vienne, & autres faites au Royaume, la
    douzaine cy-deuant taxée, deux fols. ——————ℓ—ß 2 §—
        Et pour la nouuelle reapreciation, vn fol. ————ℓ—ß 1 §—
Armes dorées, pour piece cy-deuant taxé, trente-deux fols fix
    deniers. ————————————————ℓ 1 ß 12 § 6
        Et pour la nouuelle reapreciation, ——————————neant.
Armes ou quinquailleries eftrangeres, blanches ou dorées, y com-
    pris efpées, la balle cy deuant taxée, cinq liures quin-
    ze fols. ——————————————ℓ 5 ß 15 §—
        Et pour la nouuelle reapreciation, le cent pefant, dix fols. ℓ—— ß 10 §—
Arnois blanc d'homme de pied auec or, garny, cy-deuant taxé,
    trente-deux fols fix deniers. ——————ℓ 1 ß 12 § 6
        Et pour la nouuelle reapreciation, fept fols fix deniers. —ℓ—ß 7 § 6
Arnois graué pour homme de pied, cy-deuant taxé, douze fols fix
    deniers. ————————————————ℓ—ß 12 § 6
        Et pour la nouuelle reapreciation, douze fols fix deniers.———Idem.
Arnois blanc d'hôme de pied, cy-deuant taxé, fept fols fix deniers. ℓ—ß 7 § 6
        Et pour la nouuelle reapreciation, deux fols. ————ℓ—ß 2 §—
Arnois d'hommes d'armes dorez, blancs ou noirs, à la legere, cy-
    deuant taxez, trois liures cinq fols. ————ℓ 3 ß 5 §—
        Et pour la nouuelle reapreciation, cinq fols. ————ℓ—ß 5 §—
Arnois, braffars, & corfelets vieux, la balle cy-deuãt taxée, trente fols ℓ 1 ß 10 §—
        Et pour la nouuelle reapreciation, huict fols. ————ℓ—ß 8 §—
Arquebufes du pays garnies, la balle cy-deuant taxée, dix fols. —ℓ—ß 10 §—
        Et pour la nouuelle reapreciation, pour cent, trois fols. —ℓ—ß 3 §—
Arçons de felles, & autres fuftailles de pays, la charge cy-deuant
    taxée, deux fols fix deniers. ——————ℓ—ß 2 § 6
        Et pour la nouuelle reapreciation, cinq deniers. ——ℓ—ß—§ 5
Autipeau, la charge cy-deuant taxée, trente cinq fols. ————ℓ 1 ß 15 §—
        Et pour la nouuelle reapreciation, le cent pefant, cinq fols. ℓ—ß 5 §—
Argent faux, le marc cy-deuant taxé, trois fols. ————ℓ—ß 3 §—
        Et pour la nouuelle reapreciation, cinq fols. ————ℓ—ß 5 §—
Ambre fin, le quintal cy deuant taxé, trois liures cinq fols. ——ℓ 3 ß 5 §—
        Et pour la nouuelle reapreciation, quinze fols. ——ℓ—ß 15 §—
Albernus venant de Marfeille, comme baracan, la piece cy-deuant
    taxée, dix fols. ——————————————ℓ—ß 10 §—
        Et pour la nouuelle reapreciation, cinq fols. ————ℓ—ß 5 §—
Argent en maffe ou en barre, la liure payera vingt fols. ——ℓ 1 ß—§—
Anchoies, le baril pour tous droicts, vn fol fix deniers. ——ℓ—ß 1 § 6
Armades, ou Stoffix, pour tous droicts, la barique trente fols. ——ℓ 1 ß 10 §—
Aulx, la charge, cinq fols. ——————————ℓ—ß 5 §—

Efpiceries.

B

BArbottine, le quintal cy-deuant taxé, trois liures. —————— ℔ 3 ß — ₰ —
　　Et pour la nouuelle reapreciation, ————————————— neant.
　　Pour les quatre pour cent cy-deuant taxez, douze liures. ℔ 12 ß — ₰ —
　　Et pour la nouuelle reapreciation, ————————————— neant.
Balauſtres, le quintal cy-deuant taxé, quinze ſols huict deniers. —℔— ß 15 ₰ 8
　　Et pour la nouuelle reapreciation, deux ſols ſix deniers. ℔— ß 2 ₰ 6
Bayes de laurier, le quintal cy-deuant taxé, trois ſols neuf deniers. ℔— ß 3 ₰ 9
　　Et pour la nouuelle reapreciation, deux ſols trois deniers. ℔— ß 2 ₰ 3
Benjoin, le quintal cy-deuant taxé, trois liures deux ſols ſix deniers ℔ 3 ß 2 ₰ 6
　　Et pour la nouuelle reapreciation, ————————————— neant.
　　Pour les quatre pour cent cy-deuant taxez, quatre liures. ℔ 4 ß — ₰ —
　　Et pour la nouuelle reapreciation, ————————————— neant.
Bois de Burſia, la charge cy-deuant taxée, ſix ſols. ————— ℔— ß 6 ₰ —
　　Et pour la nouuelle reapreciation, deux ſols. ————— ℔— ß 2 ₰ —
Bois d'Ebene, le quintal cy-deuant taxé, ſept ſols. ————— ℔— ß 7 ₰ —
　　Et pour la nouuelle reapreciation, trois ſols. ————— ℔— ß 3 ₰ —
　　Pour les quatre pour cent cy-deuant taxez, huict ſols. —℔— ß 8 ₰ —
　　Et pour la nouuelle reapreciation, cinq ſols. ————— ℔— ß 5 ₰ —
Bois d'eſquine, le quintal cy-deuant taxé, trois liures. ———— ℔ 3 ß — ₰ —
　　Et pour la nouuelle reapreciation, quinze ſols. ———— ℔— ß 15 ₰ —
　　Pour les quatre pour cent cy-deuant taxez, douze liures. ℔ 12 ß — ₰ —
　　Et pour la nouuelle reapreciation, ————————————— neant.
Bois de gayat, le quintal cy-deuant taxé, trois ſols neuf deniers. —℔— ß 3 ₰ 9
　　Et pour la nouuelle reapreciation, vn ſol trois deniers. —℔— ß 1 ₰ 3
　　Pour les quatre pour cent cy-deuant taxez, deux ſols. —℔— ß 2 ₰ —
　　Et pour la nouuelle reapreciation, quatre ſols. ———— ℔— ß 4 ₰ —
Bois de roſe, le quintal cy-deuant taxé, cinq ſols neuf deniers. —℔— ß 5 ₰ 9
　　Et pour la nouuelle reapreciation, vn ſol trois deniers. —℔— ß 1 ₰ 3
Boliamini, le quintal cy-deuant taxé, deux ſols quatre deniers. —℔— ß 2 ₰ 4
　　Et pour la nouuelle reapreciation, cinq ſols. ———— ℔— ß 5 ₰ —
　　Pour les quatre pour cent cy-deuant taxez, trois ſols qua-
　　tre deniers. ———————————————————— ℔— ß 3 ₰ 4
　　Et pour la nouuelle reapreciation, ſept ſols neuf deniers. ℔— ß 7 ₰ 9
Bora, **Bourra**, le quintal cy-deuant taxé, trois liures deux ſols ſix deniers. ℔ 3 ß 2 ₰ 6
　　Et pour la nouuelle reapreciation, vingt ſols. ———— ℔ 1 ß — ₰ —
　　Pour les quatre pour cent cy-deuant taxez, huict liures. ℔ 8 ß — ₰ —
　　Et pour la nouuelle reapreciation, ————————————— neant.
Breſil & bois d'Inde, le quintal cy-deuant taxé, deux ſols quatre
　　deniers. ———————————————————— ℔— ß 2 ₰ 4
　　Et pour la nouuelle reapreciation, trois ſols neuf deniers. ℔— ß 3 ₰ 9

Bezouard Le quintal voye[z] Lapier . . . — iij ℔
Bois de fustel Le quintal . . . . 1ſ 10₰

　　　　　　　　　　　　　　　　　　C　　　　Pour

Blanc de Troyes le quintal — 3 ſ 6

Pour les quatre pour cent cy-deuant taxez, vn ſol quatre
deniers. ————————————————— ℓ—ß 1 ᵭ 4
Et pour la nouuelle reapreciation, douze ſols huit deniers. ℓ—ß 12 ᵭ 8
Bendeleon, le quintal cy-deuant taxé, cinquante-deux ſols ſix
deniers. ————————————————— ℓ 2 ß 12 ᵭ 6
Et pour la nouuelle reapreciation, deux ſols ſix deniers. ℓ—ß 2 ᵭ 6
Pour les quatre pour cent cy-deuant taxez, trois liures. ℓ 3 ß— ᵭ—
Et pour la nouuelle reapreciation, dix ſols. ———— ℓ—ß 10 ᵭ—
Bois d'Inde, le cent peſant, ſix ſols. ——————— ℓ—ß 6 ᵭ—
Pour les quatre pour cent, huiſt ſols. ————— ℓ—ß 8 ᵭ—

Marchandiſes.

Balles, paniers & corbeilles, la douzaine cy-deuant taxée, cinq
deniers. ————————————————— ℓ—ß—ᵭ 5
Et pour la nouuelle reapreciation, ſept deniers. —— ℓ—ß—ᵭ 7
Bardenoche, la piece cy-deuant taxée, trois ſols. —— ℓ—ß 3 ᵭ—
Et pour la nouuelle reapreciation, vn ſol. ——— ℓ—ß 1 ᵭ—
Et l'eſtrangere cy-deuant taxée, quatre ſols. ——— ℓ—ß 4 ᵭ—
Et pour la nouuelle reapreciation, deux ſols. ——— ℓ—ß 2 ᵭ—
Bas de ſoye cramoiſy, la liure cy-deuant taxée, quarante-huiſt ſols
neuf deniers. ————————————————— ℓ 2 ß 8 ᵭ 9
Et pour la nouuelle reapreciation, ——————————— neant.
Bas de ſoye, la liure cy-deuant taxée, quatorze ſols. —— ℓ—ß 14 ᵭ—
Et pour la nouuelle reapreciation, deux ſols. ——— ℓ—ß 2 ᵭ—
Batterie de cuivre, le quintal cy deuant taxé, huiſt ſols. —— ℓ—ß 8 ᵭ—
Et pour la nouuelle reapreciation, vingt-deux ſols. —— ℓ 1 ß 2 ᵭ—
Batterie de fer, le quintal cy-deuant taxé, cinq ſols. —— ℓ—ß 5 ᵭ—
Et pour la nouuelle reapreciation, trois ſols. ——— ℓ—ß 3 ᵭ—
Bayette de France, la piece cy-deuant taxée, ſept ſols ſix deniers. ℓ—ß 7 ᵭ 6
Et pour la nouuelle reapreciation, quatre ſols ſix deniers. ℓ—ß 4 ᵭ 6
Bayette eſtrangere, la piece cy-deuát taxée, douze ſols ſix deniers. ℓ—ß 12 ᵭ 6
Et pour la nouuelle reapreciation, huiſt ſols ſix deniers. ℓ—ß 8 ᵭ 6
Bazannes, la balle cy-deuant taxée, ſept ſols ſix deniers. —— ℓ—ß 7 ᵭ 6
Et pour la nouuelle reapreciation, deux ſols. ——— ℓ—ß 2 ᵭ—
Berceaux, la douzaine cy-deuant taxée, vn ſol. —— ℓ—ß 1 ᵭ—
Et pour la nouuelle reapreciation, ſix deniers. —— ℓ—ß—ᵭ 6
Beſches, la douzaine cy-deuant taxée, deux ſols. —— ℓ—ß 2 ᵭ—
Et pour la nouuelle reapreciation, vn ſol. ——— ℓ—ß 1 ᵭ—
Bimbloterie de Paris, le quintal cy-deuant taxé, quinze ſols. — ℓ—ß 15 ᵭ—
Et pour la nouuelle reapreciation, ſept ſols ſix deniers. — ℓ—ß 7 ᵭ 6
Celle de Roüen, le quintal cy-deuant taxé, vingt ſols. —— ℓ 1 ß—ᵭ—
Et pour la nouuelle reapreciation, huiſt ſols. —— ℓ—ß 8 ᵭ—

Bas de filozele eſtranger la liure — — — — — 4 8 —   Biſſonnata
Bure de Vir le quintale — — — — — — 14 ſ —

Biſſonnata, à faire frocs de Moine, le fond ou charge cy-deuant
    taxé, dix-ſept ſols ſix deniers. ———————— ℓ— ß 17 ₰ 6
    Et pour la nouuelle reapreciation, cinq ſols. ——— ℓ— ß 5 ₰—
Blancherie de cuir, la balle cy-deuant taxée, ſept ſols. —— ℓ— ß 7 ₰—
    Et pour la nouuelle reapreciation, deux ſols. ——— ℓ— ß 2 ₰—
Blancherie de cuivre, le quintal cy-deuant taxé, huict ſols. — ℓ— ß 8 ₰—
    Et pour la nouuelle reapreciation, voyez *Batterie*, vingt-
    deux ſols. ———————————————— ℓ 1 ß 2 ₰—
Bois de miroir, la balle cy-deuant taxée, deux ſols. ——— ℓ— ß 2 ₰—
    Et pour la nouuelle reapreciation, huict ſols. ——— ℓ— ß 8 ₰—
    Et l'eſtranger cy-deuant taxé, quatre ſols ſix deniers. —— ℓ— ß 4 ₰ 6
    Et pour la nouuelle reapreciation, le cent peſant, cinq ſols. ℓ— ß 5 ₰—
Beruze, la piece cy-deuant taxée, cinq ſols. ———————— ℓ— ß 5 ₰—
    Et pour la nouuelle reapreciation, vn ſol ſix deniers. — ℓ— ß 1 ₰ 6
Bindely, petit paſſement d'Italie, ſoye & argent, la liure huict ſols. ℓ— ß 8 ₰—
Bandollieres eſtrangeres, le quintal cy-deuant taxé, trois liures
    cinq ſols. ——————————————————— ℓ 3 ß 5 ₰—
    Et pour la nouuelle reapreciation, ———————— neant.
Bois de miroir, & miroit d'Italie, la quaiſſe cy-deuant taxée, neuf
    liures. ——————————————————— ℓ 9 ß— ₰—
    Et pour la nouuelle reapreciation, quarante ſols. ——— ℓ 2 ß— ₰—
Bois eſtranger, ou grobon, la balle cy-deuant taxée, deux ſols ſix
    deniers. ——————————————————— ℓ— ß 2 ₰ 6
    Et pour la nouuelle reapreciation, vn ſol. ———— ℓ— ß 1 ₰—
Bangé de Bourgogne, le quintal cy-deuant taxé, dix ſols. —— ℓ— ß 10 ₰—
    Et pour la nouuelle reapreciation, quatre ſols. ——— ℓ— ß 4 ₰—
    Et la piece cy-deuant taxée, trois ſols. ————— ℓ— ß 3 ₰—
    Et pour la nouuelle reapreciation, vn ſol. ———— ℓ— ß 1 ₰—
Bois de raquette, le quintal cy-deuant taxé, huict ſols. ——— ℓ— ß 8 ₰—
    Et pour la nouuelle reapreciation, deux ſols. ——— ℓ— ß 2 ₰—
Barragan de Taine, la piece cy-deuant taxée, quatre ſols ſix den. ℓ— ß 4 ₰ 6
    Et pour la nouuelle reapreciation, cinq ſols ſix deniers. — ℓ— ß 5 ₰ 6
Bombaſins en ſoye, la piece cy-deuant taxée, dix ſols. ——— ℓ— ß 10 ₰—
    Et pour la nouuelle reapreciation, cinq ſols. ——— ℓ— ß 5 ₰—
Bombaſin de Milan, la balle cy-deuant taxée, ſix liures. —— ℓ 6 ß— ₰—
    Et pour la nouuelle reapreciation, trois liures. ——— ℓ 3 ß— ₰—
    La piece cy-deuant taxée, ſept ſols ſix deniers. ——— ℓ— ß 7 ₰ 6
    Et pour la nouuelle reapreciation, ſept ſols ſix deniers. — ℓ— ß 7 ₰ 6
Bonnet de Mantouë & Milan, la quaiſſe cy-deuant taxée, dix liures. ℓ 10 ß— ₰—
    Et pour la nouuelle reapreciation, ———————— neant.
Bonnets de Paris, Rouën, Bourges & autres lieux du Royaume,
    la douzaine cy-deuant taxée, cinq ſols. ————— ℓ— ß 5 ₰—
    Et pour la nouuelle reapreciation, vn ſol. ———— ℓ— ß 1 ₰—
Bottanne, la piece cy-deuant taxée, cinq ſols. —————— ℓ— ß 5 ₰—

Et pour la nouuelle reapreciation , deux sols. ————— ℓ—ß 2 d—

Boüettes peintes pour Apothicaires , la charge cy-deuant taxée, sept sols six deniers. ————— ℓ—ß 7 d 6

Et pour la nouuelle reapreciation, trois sols. ————— ℓ—ß 3 d—

Boüettes blanches, & autres fustailles, la charge cy-deuant taxée, *Estrangeres 3: 6ᵈ* deux sols six deniers. ————— ℓ—ß 2 d 6

Le ⁰∕₀ Et pour la nouuelle reapreciation, vn sol. ————— ℓ—ß 1 d—

Et les estrangeres cy-deuant taxées, quatre sols six deniers. —ℓ—ß 4 d 6

Et pour la nouuelle reapreciatiõ, du cent pesant, deux sols. ℓ—ß 2 d—

Bougrans d'Alemagne , la piece cy-deuant taxée, quatre sols. ——— ℓ—ß 4 d—

Et pour la nouuelle reapreciation , trois sols. ————— ℓ—ß 3 d—

Bougrans de Paris , & autres semblables, la douzaine cy-deuant taxée, vn sol six deniers. ————— ℓ—ß 1 d 6

Et pour la nouuelle reapreciation, trois sols. ————— ℓ—ß 3 d—

Bougrans estranger, la douzaine cy-deuant taxée, deux sols six deniers. ————— ℓ—ß 2 d 6

Et pour la nouuelle reapreciation , cinq sols. ————— ℓ—ß 5 d—

Bouges pour faire chemises à Chartreux, la charge cy-deuant taxée, vingt-cinq sols. ————— ℓ 1 ß 5 d—

Et pour la nouuelle reapreciation , cinq sols. ————— ℓ—ß 5 d—

Boules de palle-mail, la livre cy-deuant taxée, quinze sols. ——— ℓ—ß 15 d—

13ᵉ Le quintal. Et pour la nouuelle reapreciation, le cent pesant, trois sols. ℓ—ß 3 d—

Bourses de cuir à cordons de soye, la douzaine cy-deuant taxée, six sols quatre deniers. ————— ℓ—ß 6 d 4

Et pour la nouuelle reapreciation , vn sol. ————— ℓ—ß 1 d—

Bourses de cuir, blanches & jaunes, le quintal cy-deuant taxé, deux sols huict deniers. ————— ℓ—ß 2 d 8

Et pour la nouuelle reapreciation , cinq sols quatre deniers. ————— ℓ—ß 5 d 4

Et la charge cy-deuant taxée, huict sols. ————— ℓ—ß 8 d—

Et pour la nouuelle reapreciation , ————— à proportion.

Bourses de Peray, la charge cy-deuant taxée, huict sols. ——— ℓ—ß 8 d—

Et pour la nouuelle reapreciation, dix sols. ————— ℓ—ß 10 d—

Bourras de pays, la piece cy-deuant taxée, vn sol. ————— ℓ—ß 1 d—

Et pour la nouuelle reapreciation, vn sol. ————— ℓ—ß 1 d—

Bourras estranger, la piece cy-deuant taxée, vn sol neuf deniers. ℓ—ß 1 d 9

Et pour la nouuelle reapreciation, vn sol neuf deniers. —ℓ—ß 1 d 9

Bourre de Cerf, la balle cy-deuant taxée, six sols, ————— ℓ—ß 6 d—

Et pour la nouuelle reapreciation , le cent pesant, quatre sols. ————— ℓ—ß 4 d—

Bourre à Bastier , la balle cy-deuant taxée , trois sols. ——— ℓ—ß 3 d—

Et pour la nouuelle reapreciation, le cent pesant, deux sols. ℓ—ß 2 d—

Et l'estrangere cy-deuant taxée , cinq sols six deniers. ————— ℓ—ß 5 d 6

Et pour la nouuelle reapreciation , le cent, deux sols. —ℓ—ß 2 d—

Bourre

Bourre à Boucher, la balle cy-deuant taxée, deux fols. ————₶—ß 2 §—

    Et pour la nouuelle reapreciation, le cent pefant, vn fol. —₶—ß 1 §—

Bourre de Chevre, la balle cy-deuant taxée, trois fols. ————₶—ß 3 §—

    Et pour la nouuelle reapreciation, le cent pefant deux fols. ₶—ß 2 §—

Bourre de foye de Vincence, Lucques, Gennes, & autres lieux, la

    balle cy-deuant taxée, trois liures. ————————₶ 3 ß—§—

    Et pour la nouuelle reapreciation, le cent, vingt fols. —₶ 1 ß—§—

Bourre de foye cardée, la balle cy-deuant taxée, fix liures. ————₶ 6 ß—§—

    Et pour la nouuelle reapreciation, le cent pefant, quaran-

    te fols. ——————————————₶ 2 ß—§—

Bourre de foye filée, le quintal cy-deuant taxé, quatre liures. —₶ 4 ß—§—

    Et pour la nouuelle reapreciation, quarante fols. ——₶ 2 ß—§—

Bauges de Chaftillon, le quintal cy-deuant taxé, dix fols. ——₶—ß 10 §—

    Et pour la nouuelle reapreciation, quatre fols. ———₶—ß 4 §—

Brut ou bout d'Eftamine, le quintal cy-deuant taxé, huict fols. —₶—ß 8 §—

    Et pour la nouuelle reapreciation, deux fols. ———₶—ß 2 §—

Brenne rayé de foye, la liure cy-deuant taxée, cinq fols. ———₶—ß 5 §—

    Et pour la nouuelle reapreciation, deux fols. ——₶—ß 2 §—

Bretelles de verre, la bretelle cy-deuant taxée, trois fols fix deniers. ₶—ß 3 § 6

10 fl. la bretelle   Et pour la nouuelle reapreciation, deux fols. ——₶—ß 2 §—

    Et les grandes cy-deuant taxées, fept fols. ———₶—ß 7 §—

    Et pour la nouuelle reapreciation, quatre fols. ——₶—ß 4 §—

Brigandine dorée, la piece cy-deuant taxée, trente-deux fols fix

    deniers. ————————————₶ 1 ß 12 § 6

    Et pour la nouuelle reapreciation, ————————neant.

Brigandine non dorée, cy-deuant taxée, cinq fols fix deniers. —₶—ß 5 § 6

    Et pour la nouuelle reapreciation, deux fols. ————₶—ß 2 §—

Brottes ou cuillieres à table, contenant vn millier, cy-deuant taxé,

    quatre fols. ——————————₶—ß 4 §—

    Et pour la nouuelle reapreciation, deux fols. ———₶—ß 2 §—

Bruyeres, la charge cy-devant taxée, deux fols. ———₶—ß 2 §—

7 fl. le quintal   Et pour la nouuelle reapreciation, dix fols. ———₶—ß 10 §—

Bruyeres eftrangeres, le quintal cy-deuant taxé, quinze fols. ——₶—ß 15 §—

    Et pour la nouuelle reapreciation, cinq fols. ——₶—ß 5 §—

Buffetins, la piece cy-deuant taxée, fept fols. ———₶—ß 7 §—

    Et pour la nouuelle reapreciation, trois fols. ———₶—ß 3 §—

Buffles, la piece cy-deuant taxée, treize fols fix deniers. ——₶—ß 13 § 6

    Et pour la nouuelle reapreciation, fix fols fix deniers. —₶—ß 6 § 6

Burails de Rheims, la piece cy-deuant taxée, deux fols. ——₶—ß 2 §—

    Et pour la nouuelle reapreciation, trois fols. ——₶—ß 3 §—

Burails de Bergame, & Tapifferie, la balle cy-devant taxée, huict

    liures. ————————————₶ 8 ß—§—

    Et pour la nouuelle reapreciation, le cent pefant, trente

    fols. ——————————————₶ 1 ß 10 §—

D

Burails

Burails, la piece cy-deuant taxée, vn fol neuf deniers. ————— £—ß 1 ß 9
    , Et pour la nouuelle reapreciation, vn fol. ————— £—ß 1 ß—
Burails de foye de Milan, la liure cy-deuant taxée, dix-huiƈt fols.—£—ß 18 ß—
    Et pour la nouuelle reapreciation, quatre fols. ————£—ß 4 ß—
Burails de Gennes, outre les dix-huiƈt fols trois deniers pour liure,
    la piece cy-deuant taxée, douze fols fix deniers. ————£—ß 12 ß 6
    Et pour la nouuelle reapreciation, deux fols fix deniers. £—ß 2 ß 6
Burails de Naples, la liure cy-deuant taxée, dix-neuf fols neuf
    deniers. ——————————————————£—ß 19 ß 9
    Et pour la nouuelle reapreciation, quatre fols neuf deniers.£—ß 4 ß 9
Bureau, la charge cy-deuant taxée, fix fols. ————£—ß 6 ß—
    Et pour la nouuelle reapreciation, le cent pefant, deux fols.£—ß 2 ß—
Bureau, la piece cydeuant taxée, vn fol. ————£—ß 1 ß—
    Et pour la nouuelle reapreciation, fix deniers. ————£—ß—ß 6
Burat d'Auuergne payera, le ballon cy-deuant taxé, quatre fols.—£—ß 4 ß—
    Et pour la nouuelle reapreciation, le ballon quatre fols.—£—ß 4 ß—
Bois de grotelle, le quintal cy-deuant taxé, quinze fols. ————£—ß 15 ß—
    Et pour la nouuelle reapreciation, trois fols. ————£—ß 3 ß—
Bas de foye de Paris, la liure cy-deuant taxée, quatre fols. ————£—ß 4 ß—
    Et pour la nouuelle reapreciation, quatre fols. ————£—ß 4 ß—
Bagues de Saumur, le quintal payera trente fols. ————£ 1 ß 10 ß—
    Et pour la nouuelle reapreciation, ——————————neant.
Brocardel fil & foye, la liure cy-deuant taxée, onze fols fix deniers.£—ß 11 ß 6
    Et pour la nouuelle reapreciation, deux fols fix deniers. —£—ß 2 ß 6
Bas d'eftame de toutes fortes, la douzaine, dix fols. ————£—ß 10 ß—
Baudriers en broderie d'argent, l'vn portant l'autre, quinze fols. —£—ß 15 ß—
Baudriers galonnez d'or & d'argent, la piece, cinq fols. ————£—ß 5 ß—
Bas de fil & de cotton, l'vn portãt l'autre, la douzaine, dix-huiƈt fols.£—ß 18 ß—

Bas de foye de Nymes, la liure ————— 16.

*Les Etrangers par arreƒt du 6 Mars 1719 ne peuuent l'entrer dans le Royaume par Mer
que par le port de Marseille, et par terre par le Pont de bonuoisin pour eƒtre conduits à Lion
directement, et aquitter les droits comme Soyeries.*

<h1 style="text-align:center">Efpiceries & Drogueries.</h1>

<h1 style="text-align:center">C</h1>

CAlami aromatici, le quintal cy-deuant taxé, onze fols huiƈt
    deniers. ——————————————————£—ß 11 ß 8
    Et pour la nouuelle reapreciation, vn fol quatre deniers.£—ß 1 ß 4
    Pour les quatre pour cent cy-deuant taxez, quatre fols. —£—ß 4 ß—
    Et pour la nouuelle reapreciation, onze fols. ————£—ß 11 ß—
Calamite, le quintal cy-deuant taxé, vingt-neuf fols trois deniers. £ 1 ß 9 ß 3
Aymant   Et pour la nouuelle reapreciation, vn fol neuf deniers. —£—ß 1 ß 9
    Pour les quatre pour cent cy-deuant taxez, quarante fols.£ 2 ß—ß—
    Et pour la nouuelle reapreciation, cinq fols, ————£—ß 5 ß—
Canelle, le quintal cy-deuant taxé, trois liures douze fols fix den. £ 3 ß 12 ß 6
                                        Et

Et pour la nouuelle reapreciation , vingt-sept sols sept deniers. ——————————— £ 1 ß 7 § 7

Pour les quatre pour cent cy-deuant taxez, six liures. —£ 6 ß —§ —

Et pour la nouuelle reapreciation, quarante sols. ——£ 2 ß —§ —

Canelle courte, le quintal cy-deuant taxé, quarante-sept sols six deniers. ——————————— £ 2 ß 7 § 6

Et pour la nouuelle reapreciation , deux sols six deniers. —£ —ß 2 § 6

Pour les quatre pour cent cy-deuant taxez, trois liures. —£ 3 ß —§ —

Et pour la nouuelle reapreciation , vingt sols. ———£ 1 ß —§ —

Canfre, le quintal cy-deuant taxé, six livres deux sols six deniers. —£ 6 ß 2 § 6

Et pour la nouuelle reapreciation, dix-sept sols six deniers. £ —ß 17 § 6

Pour les quatre pour cent cy-deuant taxez, seize liures. —£ 16 ß —§ —

Et pour la nouuelle reapreciation , ——————————neant.

Cantarides, le quintal cy-devant taxé , treize sols six deniers. —£ —ß 13 § 6

Et pour la nouuelle reapreciatiõ, vingt-six sols six deniers. £ 1 ß 6 § 6

Pour les quatre pour cent cy-devant taxez, dix sols. —£ —ß 10 § —

Et pour la nouuelle reapreciation , cinquante sols. ——£ 2 ß 10 § —

Chappelets, le quintal cy-devant taxé, quarante-sept sols six de-niers. ——————————— £ 2 ß 7 § 6

Et pour la nouuelle reapreciation, douze sols six deniers. £ —ß 12 § 6

Pour les quatre pour cent cy-devant taxez, trois livres. —£ 3 ß —§ —

Et pour la nouuelle reapreciation , quarante sols. ——£ 2 ß —§ —

Cardamomi mondé, le quintal cy-deuant taxé , trois liures deux sols six deniers. ——————————— £ 3 § 2 § 6

Et pour la nouuelle reapreciation , ————————— neant.

Pour les quatre pour cent cy-deuant taxez , quatre liures. £ 4 ß —§ —

Et pour la nouuelle reapreciation , ————————— neant.

Carabe, ou poudre d'Ambre, le quintal cy-deuant taxé, treize sols trois deniers. ——————————— £ —ß 13 § 3

Et pour la nouuelle reapreciation, vn sol neuf deniers. —£ —ß 1 § 9

Pour les quatre pour cent cy-devant taxez , seize sols. —£ —ß 16 § —

Et pour la nouuelle reapreciation , huict sols. ———ß 8 § —

Cartamy, le quintal cy-devant taxé , trois sols neuf deniers. ——£ —ß 3 § 9

Et pour la nouuelle reapreciation , quatre sols. ——£ —ß 4 § —

Pour les quatre pour cent cy deuant taxez, dix sols. —£ —ß 10 § —

Et pour la nouuelle reapreciation , deux sols. ——£ —ß 2 § —

Corticum Iuniperi, le quintal cy-devant taxé , douze sols. ——£ —ß 12 § —

Et pour la nouuelle reapreciation , vn sol. ———£ —ß 1 § —

Pour les quatre pour cent cy-deuant taxez, treize sols trois deniers. ——————————— £ —ß 13 § 3

Et pour la nouuelle reapreciation , deux sols. ——£ —ß 2 § —

Cassia, le quintal cy-devant taxé, trente sols six deniers. ——£ 1 ß 10 § 6

Et pour la nouuelle reapreciation, vingt-sept sols six den. £ 1 ß 7 § 6

Pour les quatre pour cent cy-deuant taxez, huict sols. —£ —ß 8 § —

Et

Et pour la nouuelle reapreciation, trois livres douze ſols. ℓ 3 ß 12 §—

Caſſonnade, le quintal cy-deuant taxé, douze ſols ſix deniers. —ℓ—ß 12 § 6

Et pour la nouuelle reapreciation, ſept ſols ſix deniers. —ℓ—ß 7 § 6

Pour les quatre pour cent cy-deuant taxez, douze ſols. —ℓ—ß 12 §—

Et pour la nouuelle reapreciation, vingt-huiĉt ſols. ——ℓ 1 ß 8 §—

Caſtor, le quintal cy-deuant taxé, quarante-ſept ſols ſix deniers. —ℓ 2 ß 7 § 6

Et pour la nouuelle reapreciation, trois liures. ——ℓ 3 ß—§—

Pour les quatre pour cent cy-devant taxez, dix ſols. ——ℓ—ß 10 §—

Et pour la nouuelle reapreciation, cinq liures dix ſols. —ℓ 5 ß 10 §—

Ceruze, le quintal cy-deuant taxé, onze ſols huiĉt deniers. ——ℓ—ß 11 § 8

Et pour la nouuelle reapreciation, ——————neant.

Pour les quatre pour cent cy-deuant taxez, huiĉt ſols. —ℓ—ß 8 §—

Et pour la nouuelle reapreciation, quatre ſols. ——ℓ—ß 4 §—

Cercacola, le quintal cy-deuant taxé, vingt-neuf ſols trois deniers. ℓ 1 ß 9 § 3

Et pour la nouuelle reapreciation, —————neant.

Pour les quatre pour cent cy-deuant taxez, quarante ſols. ℓ 2 ß—§—

Et pour la nouuelle reapreciation, —————neant.

Cire blanche, le quintal cy-deuant taxé, vingt-ſept ſols ſix deniers. ℓ 1 ß 7 § 6

Et pour la nouuelle reapreciation, trois ſols ſix deniers. —ℓ—ß 3 § 6

Pour les quatre pour cent cy-deuant taxez, vingt-quatre ſols. ——ℓ 1 ß 4 ß—

Et pour la nouuelle reapreciation, vingt ſols. ——ℓ 1 ß—§—

Cire blanche en œuure, le quintal cy-deuant taxé, trente-deux ſols ſix deniers. ——ℓ 1 ß 12 § 6

Et pour la nouuelle reapreciation, neuf ſols ſix deniers. —ℓ—ß 9 § 6

Pour les quatre pour cent cy-deuãt taxez, vingtquatre ſols. ℓ 1 ß 4 §—

Et pour la nouuelle reapreciation, vingt ſols. ——ℓ 1 ß—§—

Cire blanche de Montpellier, le quintal cy-deuãt taxé, quinze ſols. ℓ—ß 15 §—

Et pour la nouuelle reapreciation, dix ſols. ——ℓ—ß 10 §—

Cire blanche de Veniſe, le quintal cy-deuant taxé, trente-deux ſols ſix deniers. ——ℓ 1 ß 12 § 6

Et pour la nouuelle reapreciation, deux ſols ſix deniers. —ℓ—ß 2 § 6

Pour les quatre pour cent cy-deuant taxez, vingt-quatre ſols. ——ℓ 1 ß 4 §—

Et pour la nouuelle reapreciation, vingt ſols. ——ℓ 1 ß—§—

Cire jaune du Royaume, le quintal cy-devant taxé, douze ſols ſix deniers. ——ℓ—ß 12 § 6

Et pour la nouuelle reapreciation, dix-ſept ſols ſix deniers. ℓ—ß 17 § 6

Cire forte d'Eſpagne & autres lieux, le quintal cy-deuant taxé, trois livres cinq ſols. ——ℓ 3 ß 5 §—

Et pour la nouuelle reapreciation, —————neant.

Cire d'Alemagne, le quintal cy-deuant taxé, ſeize ſols. ——ℓ—ß 16 §—

Et pour la nouuelle reapreciation, trente-deux ſols. ——ℓ 1 ß 12 §—

Cirot de Capilli Veneris, le quintal cy-deuant taxé, vingt ſols. —ℓ 1 ß—§—

Cire Jaune Le quintal cy .. — 2# 8: /4

Cire blanche Venant de Marseille par Certificat l. 15:

Idem Venant de Languedoc) — — — 1: 5:

Et

Et pour la nouuelle reapreciation, onze fols. ——————₤—ß 11 §—

Ciuette, pour tous droicts, cy-deuant taxée, fix liures. ——————₤ 6 ß—§—

Et pour la nouuelle reapreciation, quarante fols. ——₤ 2 ß—§—

Cochenille, le quintal cy-deuant taxé, pour tous droicts, dix liures.₤ 10 ß — §—

Et pour la nouuelle reapreciation, vingt-fept liures dix fols₤27 ß 10 §—

Cadamomy ou graine de Perroquet, le quintal cy-deuant taxé,
huict fols huict deniers. ——————————————₤—ß 8 § 8

Et pour la nouuelle reapreciation, ———————————————neant,

Carpobalfamy, le quintal cy-deuant taxé, trente-deux fols fix den.₤ 1 ß 12 § 6

Et pour la nouuelle reapreciation, quarante-deux fols
fix deniers. ————————————————₤ 2 ß 2 § 6

Pour les quatre pour cent cy-devant taxez, quatre liures.₤ 4 ß—§—

Et pour la nouuelle reapreciation, quatre liures. ——₤ 4 ß—§—

Coftus, le quintal cy-deuant taxé, douze fols. ————₤—ß 12 §—

Et pour la nouuelle reapreciation, vingt-huict fols. ——₤ 1 ß 8 ß—

Pour les quatre pour cent cy-deuant taxez, treize fols
trois deniers. ————————————————₤—ß 13 § 3

Et pour la nouuelle reapreciation, trente fols. ————₤ 1 ß 10 §—

Coque de Leuant, le quintal cy-deuant taxé, vingt-neuf fols trois
deniers. ————————————————₤ 1 ß 9 § 3

Et pour la nouuelle reapreciation, dix fols. ————₤—ß 10 §—

Pour les quatre pour cent cy-deuant taxez, vingt fols. —₤ 1 ß —§—

Et pour la nouuelle reapreciation, trente fols. ————₤ 1 ß 10 §—

Confitures, le quintal cy-deuant taxé, vingt fols. ————₤ 1 ß—§—

Et pour la nouuelle reapreciation, vingt fols. ————₤ 1 ß—§—

Colle de poiffon, pour tous droicts, le quintal cy-deuant taxé, trois
liures vn fol trois deniers. ——————————₤ 3 ß 1 § 3

Et pour la nouvelle reapreciation, ———————————— neant.

Colle de France, le quintal cy-deuant taxé, quatre fols. ————₤—ß 4 §—

Et pour la nouuelle reapreciation, trois fols fix deniers. —₤—ß 3 .§ 6

Colle eftrangere, le quintal cy-deuant taxé, fept fols. ————₤—ß 7 §—

Et pour la nouuelle reapreciation, trois fols. ————₤—ß 3 §—

Colle de pays, la charge cy-deuant taxée, douze fols. ————₤—ß 12 §—

Et pour la nouuelle reapreciation, cinq fols. ————₤—ß 5 §—

Colle, le quintal cy-deuant taxé, quatre fols. ————₤—ß 4 §—

Et pour la nouuelle reapreciation, deux fols. ————₤—ß 2 §—

Coloquintes, le quintal cy-deuant taxé, vingt-neuf fols trois deniers. ————————————————₤ 1 ß 9 § 3

Et pour la nouuelle reapreciation, dix fols neuf deniers. —₤ —ß 10 § 9

Pour les quatre pour cent cy-devant taxez, dix fols. —₤—ß 10 §—

Et pour la nouuelle reapreciation, quarante fols. ————₤ 2 ß—§—

Coral blanc & rouge, le quintal cy-deuant taxé, treize fols trois
deniers. ————————————————₤—ß 13 § 3

Et pour la nouuelle reapreciation, ———————————— neant.

E

Pour

Pour les quatre pour cent cy-deuant taxez, quarante sols. ℔ 2 ß — ₰ —

Et pour la nouuelle reapreciation, ————————————neant.

Corail taillé ou en œuure, le quintal cy-deuant taxé, cinq liures. —℔ 5 ß — ₰ —

Et pour la nouuelle reapreciation, ————————————neant.

Coraline, pour tous droicts, le quintal cy-deuant taxé, trente-sept
    sols six deniers. ————————————————℔ 1 ß 17 ₰ 6

Et pour la nouuelle reapreciation, ————————————neant.

Coriandes, le quintal cy-deuant taxé, trois sols neuf deniers. —℔—ß 3 ₰ 9

Et pour la nouuelle reapreciation, trois deniers. ——————℔—ß— ₰ 3

Pour les quatre pour cent cy-deuant taxez, quatre sols. —℔—ß 4 ₰ —

Et pour la nouuelle reapreciation, vn sol. ————————℔—ß 1 ₰ —

Corticum capparis, le quintal cy-deuant taxé, douze sols. ——℔—ß 12 ₰ —

Et pour la nouuelle reapreciation, deux sols. ——————℔—ß 2 ₰ —

Pour les quatre pour cent cy-deuant taxez, treize sols
    trois deniers. ——————————————℔—ß 13 ₰ 3

Et pour la nouuelle reapreciation, quatre sols. ————℔—ß 4 ₰ —

Couperose, le quintal cy-deuant taxé, quatre sols trois deniers. —℔—ß 4 ₰ 3

Et pour la nouuelle reapreciation, neuf deniers. ————℔—ß— ₰ 9

Pour les quatre pour cent cy-deuant taxez, huit sols. —℔—ß 8 ₰ —

Et pour la nouuelle reapreciation, deux sols. ————℔—ß 2 ₰ —

Cubibes, le quintal cy-deuant taxé, trente-deux sols six deniers. —℔ 1 ß 12 ₰ 6

Et pour la nouuelle reapreciation, ——————————— neant.

Pour les quatre pour cent cy-deuant taxez, quatre liures. ℔ 4 ß — ₰ —

Et pour la nouuelle reapreciation, ————————————neant.

Cucieres, le quintal cy-deuant taxé, trente-deux sols six deniers. ℔ 1 ß 12 ₰ 6

Et pour la nouuelle reapreciation, ——————————neant.

Pour les quatre pour cent cy-deuant taxez, quatre liures. ℔ 4 ß — ₰ —

Et pour la nouuelle reapreciation, ————————————neant.

Cumin ou Cumium, le quintal cy-deuant taxé, trois sols neuf deniers. ——℔—ß 3 ₰ 9

Et pour la nouuelle reapreciation, deux sols trois deniers. ℔—ß 2 ₰ 3

Pour les quatre pour cent cy-deuant taxez, quatre sols. —℔—ß 4 ₰ —

Et pour la nouuelle reapreciation, six sols. ————℔—ß 6 ₰ —

Cochenille siluestre, le quintal cy-deuant taxé, trois liures. ——℔ 3 ß — ₰ —

Et pour la nouuelle reapreciation, ————————————neant.

Cucumelle, comme moitié Agaric, pour tous droicts, le quintal
    cy-deuant taxé, dix-huict sols neuf deniers. ————℔—ß 18 ₰ 9

Et pour la nouuelle reapreciation, ————————————neant.

Confectio Alquermes & Iacinthe, le quintal cy-deuant taxé, qua-
    tre liures. ————————————————℔ 4 ß— ₰ —

Et pour la nouuelle reapreciation, six livres. ————℔ 6 ß— ₰ —

Citrons, le quintal, trois sols. ————————————℔—ß 3 ₰ —

Cace ou caffe le quintal ————— 2″ 18

Cabinets peints venans d'Alemagne, la piece cy-deuant taxée,
   trente ſols. ——————————————————— £ 1 ß 10 §—
   Et pour la nouuelle reapreciation, vingt ſols. ——————— £ 1 ß — §—
Cabinets de Veniſe d'Ebene riches, la piece cy-deuant taxée, trois
   liures. —————————————————————— £ 3 ß — §—
   Et pour la nouuelle reapreciation, cinq liures. ————— £ 5 ß — §—
Caboches, la tonnette cy-deuant taxée, cinq ſols.   £ — ß 5 §—
   Et pour la nouuelle reapreciation, deux ſols. ———— £ — ß 2 §—
Cambray, la piece cy-deuant taxée, douze ſols ſix deniers. —— £ — ß 12 § 6
   Et pour la nouuelle reapreciation, deux ſols ſix deniers.— £ — ß 2 § 6
Camelots de ſoye de Veniſe, la liure cy-deuant taxée, vingt-trois
   ſols. ————————————————————— £ 1 ß 3 §—
   Et pour la nouuelle reapreciation, voyez *Tabis.*
Camelots de Soye rouges cramoiſis de Veniſe, Florence, Milan,
   Naples & Lucques, la liure cy-deuant taxée, quarante-
   huict ſols neuf deniers. ——————————— £ 2 ß 8 § 9
   Et pour la nouuelle reapreciation, voyez cy-apres *Taffetas.*
Camelots de ſoye violets, ou incarnats cramoiſis, la liure cy-de-
   uant taxée, trente-neuf ſols. ————————— £ 1 ß 19 §—
   Et pour la nouuelle reapreciation, trois ſols. ———— £ — ß 3 ß—
Camelots à ondes, ou tapis de Veronne, tant vuides que ſans vui-
   des, contenant la balle cinquante-quatre pieces ou en-
   uiron, cy-deuant taxez, treize liures quinze ſols. —— £ 13 ß 15 §—
   Et pour la nouuelle reapreciation, la piece cinq ſols. — £ — ß 5 §—
Camelots de l'Iſle, ou d'Arras, ſans ſoye, la piece cy-deuant taxée,
   quatre ſols ſix deniers. ————————————— £ — ß 4 § 6
   Et pour la nouuelle reapreciation, deux ſols ſix deniers. — £ — ß 2 § 6
Camelots de Leuant, la balle cy-deuant taxée, treize liures quinze
   ſols. —————————————————————— £ 13 ß 15 §—
   Et pour la nouuelle reapreciation, la piece, cinq ſols. — £ — ß 5 §—
Camelots de Leuant, la piece cy-deuant taxée, dix ſols. ——— £ — ß 10 §—
   Et pour la nouuelle reapreciation, cinq ſols, ———— £ — ß 5 §—
Camelots ou Burats teints en ſoye, la piece cy-deuant taxée, dix
   ſols. —————————————————————— £ — ß 10 §—
   Et pour la nouuelle reapreciation, cinq ſols. ———— £ — ß 5 §—
Camelots d'Anduena, la piece cy-deuant taxée, deux ſols ſix den.— £ — ß 2 § 6
   Et pour la nouuelle reapreciation, deux ſols cinq deniers. £ — ß 2 § 5
Camelots my ſoye, la liure cy-deuant taxée, neuf ſols vn denier.— £ — ß 9 § 1
   Et pour la nouuelle reapreciation, deux ſols. ———— £ — ß 2 §—
Camelots ou Burats my ſoye, & autres lieux de Flandres, la liure
   cy-deuant taxée, neuf ſols vn denier. —————— £ — ß 9 § 1
   Et pour la nouuelle reapreciation, deux ſols. ———— £ — ß 2 §—

Coutil de Roüen le quintal . . . . 12.# 3ˢ 4.ˢ   Camiſolle
Camelots de ſille en laine la piece de 20
aulnes 15.ˢ
Idem auec poil de Chyure la piece . . . 1#

Camifolle de foye avec peu d'or aux bords, doit vingt-huict fols. —ℓ 1 ß 8 δ—
    Et pour la nouuelle reapreciation, huict fols. —————ℓ-- ß 8 δ—
Camifette picquée avec taffetas ou fatins, la piece cy-deuant ta-
    xée, cinq fols. ——————————————ℓ— ß 5 δ—
    Et pour la nouuelle reapreciation, deux fols. ———ℓ— ß 2 δ—
Camifette picquée couuerte de cottonine ou botane, la piece cy-
    deuant taxée, trois fols. ———————ℓ— ß 3 δ—
    Et pour la nouuelle reapreciation, deux fols. ———ℓ— ß 2 δ—
Cabats de jonc, & autres, la balle cy-deuant taxée, cinq fols. —ℓ— ß 5 δ—
    Et pour la nouuelle reapreciation, deux fols. ———ℓ— ß 2 δ—
Corbeilles d'ozier & efcouue, la balle cy-deuant taxée, fix fols. —ℓ— ß 6 δ—
    Et pour la nouuelle reapreciation, deux fols. ———ℓ— ß 2 δ—
Canetilles d'or, la liure cy-deuant taxée, trois liures. ———ℓ 3 ß— δ—
    Et pour la nouuelle reapreciation, cinq fols. ———ℓ— ß 5 δ—
Canabafettes rayées de foye, la piece cy-deuant taxée, dix fols. —ℓ— ß 10 δ—
    Et pour la nouuelle reapreciation, trois fols. ———ℓ— ß 3 δ—
Canabafettes fans foye, la piece cy-deuant taxée, quatre fols fix
    deniers. ————————————ℓ— ß 4 δ 6
    Et pour la nouuelle reapreciation, vn fol fix deniers. —ℓ— ß 1 δ 6
Canons d'Arquebufes de France, la balle cy-deuant taxée, dix fols. ℓ— ß 10 δ—
    Et pour la nouuelle reapreciation, le cent pefant, cinq fols. ℓ— ß 5 δ—
Canons eftrangers, la balle cy-deuãt taxée, cinq liures quinze fols. ℓ 5 ß 15 δ—
    Et pour la nouuelle reapreciatiõ, le cent pefant, quinze fols. ℓ— ß 15 δ—
Capiton ou cofte de foye, la balle cy-deuant taxée, fix liures. —ℓ 6 ß— δ—
    Et pour la nouuelle reapreciation, le cent pefant, quaran-
    te fols. —————————————ℓ 2 ß— δ—
Capres Bufenne, le quintal pour tous droicts, cy-deuant taxé, qua-
    rante neuf fols trois deniers. —————————ℓ 2 ß 9 δ 3
    Et pour la nouuelle reapreciation, dix fols. —— ——ℓ— ß 10 δ—
Capres, le quintal pour les quatre pour cent, le baril cy-deuant
    taxé, quatre fols. ———————————ℓ— ß 4 δ—
    Et pour la nouuelle reapreciation, vn fol. ————ℓ— ß 1 δ—
Caraffes, la balle cy-deuant taxée, fept fols fix deniers. ————ℓ— ß 7 δ 6
    Et pour la nouuelle reapreciation, deux fols. ————ℓ— ß 2 δ—
Cardon, la balle cy-deuant taxée, fept fols fix deniers. ————ℓ— ß 7 δ 6
    Et pour la nouuelle reapreciation, deux fols fix deniers. —ℓ— ß 2 δ 6
Carizes d'Angleterre, la piece cy-deuãt taxée, onze fols fix deniers. ℓ— ß 11 δ 6
    Et pour la nouuelle reapreciation, huict fols fix deniers. —ℓ— ß 8 δ 6
Cartes fines, la balle cy-deuant taxée, douze fols. ————ℓ— ß 12 δ—
    Et pour la nouuelle reapreciation, le cent, cinq fols. —ℓ— ß 5 δ—
Cartes maiftreffes, la balle cy-deuant taxée, huict fols. ——— ß 8 δ—
    Et pour la nouuelle reapreciation, le cent, trois fols. ——ℓ— ß 3 δ—
Caffes à frire, le quintal cy-deuant taxé, cinq fols. ———ℓ— ß 5 δ—

Chamois

Observations

Sur L'Arrest du Conseil du 1er Aoust 1716.

Le Roy a ordonné que Jusqu'au 1er Juillet 1729
Les Droits de La Douanne de Valence, & Douanne
de Lion qui se perçoivent sur Les Damas, Velours,
Satins et autres Etoffes de Soye, pure ou Mêlé d'or
& d'argent, et autres Matieres fabriquées dans Les pays
Etrangers, a L'exception des Velours de Ramage, seront
augmentés de La moittié desdites Droits tels qu'ils
se perçoivent actuellement, dont Les fabriques
d'Avignon & de Marseille sont dans le même Cas

Par autre Arrest du 26 Mars 1722. Le Roy
ordonne Jusqu'a Nouvel ordre que Les Droits de
La Douanne de Valence, & Douanne de Lyon sur
Les Etoffes Cy dessus seront augmentés des deux tiers
au lieu de la moittié ordonnée par L'arrest du 1er
Aoust 1716.

Observations
sur Les Draperies

Par Traitté fait entre feu M.re ...

Porté au Nom de M.rs Les fermiers g.naux & Le Corps des Marchands Drappiers de Lyon en datte du 29 Octobre 1684. Jl est porté que Lesdittes Marchandises qui par Le tarif de la Douanne doivent Les droits a la piece payeront a L'avenir par Quintal cy ... 5.tt 10.s

Barracans d'abbeuille, Camelots d'amiens, Barracaus facon de hollande, Estamines serge de Chalons, Rome et damiens, Droguets de poitou et de Reims my serge

Deduction faite La tarre de L'Emballage de 8.tt par quintal poids de Lyon, de Celles Emballées avec plateaux et de 14.tt de Celles sans plateau

Les Etamines Claires demi Soyes des Susdittes Villes, et autres a La piece Suivant Le tarif

Et par autre Traitté du d.er Juillet 1653. tous Draps, Serges, Estamettes, Ratines, Cordillates et autres Drapes de Laines des Provinces de Languedoc, Provence et Dauphiné, doivent estre aquittées sous Le Nom de Drap d'abas a 30.s par quintal a L'Exception des Drapes Venant desd.tes Payos teints en Ecarlatte, Buratos d'arles et Crepons de Castres qui payent Suivant Le tarif

Chamois habillez en blanc ou en jaune, la douzaine cy-deuant
    taxée, treize fols fix deniers. ———————————— £—ß 13 § 6
    Et pour la nouuelle reapreciation, cinq fols. ——— £—ß 5 §—
Chanvre crud du pays, le quintal cy-deuant taxé, vn fol. —— £—ß 1 §—
    Et pour la nouvelle reapreciation, deux fols fix deniers. £—ß 2 § 6
    L'Eftranger, cy-deuant taxé, vn fol neuf deniers. ——— £—ß 1 § 9
    Et pour la nouuelle reapreciation, cinq fols. ——— £—ß 5 §—
Chanvre peigné, le quintal cy-deuant taxé, deux fols. —— £—ß 2 §—
    Et pour la nouuelle reapreciation, fix fols. ——— £—ß 6 §—
    L'Eftranger peigné & battu, le quintal cy-deuant taxé,
    trois fols fix deniers. ————————— £—ß 3 § 6
    Et pour la nouuelle reapreciation, douze fols. —— £—ß 12 §—
Chapeaux de Montpellier, Romans, & autres femblables, la balle
    cy-deuant taxée, trente fols. ——————— £ 1 ß 10 §—
    Et pour la nouuelle reapreciation, ————— neant.
Chapeaux d'Efpagne, la balle cy deuant taxée, cinq liures. — £ 6 ß — §—
    Et pour la nouvelle reapreciation, ————— neant.
Chapeaux d'Auuergne, la balle cy-deuant taxée, quinze fols. — £—ß 15 §—
    Et pour la nouuelle reapreciation, cinq fols. ——— £—ß 5 §—
Chapeaux de Lorraine, la douzaine payera trois fols. —— £—ß 3 §—
    Et pour la nouuelle reapreciation, ————— neant.
Chapeaux de Provence fins, la balle cy-deuant taxée, trente fols. £ 1 ß 10 §—
    Et pour la nouuelle reapreciation, ————— neant.
Chapeaux à poil de foye, la douzaine cy-deuant taxée, trois liures. £ 3 ß — §—
    Et pour la nouuelle reapreciation, quarante fols. —— £ 2 ß — §—
Chapelets, & autre Mercerie de S. Claude, la balle cy-deuant ta-
    xée, onze fols. ————————————— £—ß 11 §—
    Et pour la nouuelle reapreciation, le cent, douze fols. — £—ß 12 §—
Chauffes de foye, la liure cy-deuant taxée, quatorze fols. —— £—ß 14 §—
    Et pour la nouuelle reapreciation, deux fols. ——— £—ß 2 §—
Le Cramoyfi, la liure cy-deuant taxée, quarante-huit fols neuf
    deniers. ——————————————— £ 2 ß 8 § 9
    Et pour la nouuelle reapreciation, ————— neant.
Chemife, ou iacque de maille, la piece cy-deuant taxée, douze fols. £—ß 12 §—
    Et pour la nouuelle reapreciation, ————— neant.
Chemifette de foye auec or par tout, la liure cy-deuant taxée,
    cinquante-fix fols. ————————————— £ 2 ß 16 §—
    Et pour la nouuelle reapreciation, quatre fols. —— £—ß 4 §—
Chainettes, le quintal cy-deuant taxé, vingt fols. ——— £ 1 ß — §—
    Et pour la nouuelle reapreciation, cinq fols. ——— £—ß 5 §—
Chevelieres, le quintal cy-deuant eftimé & taxé, fept fols fix den. £—ß 7 § 6
    Et pour la nouuelle reapreciation, deux fols fix deniers. £—ß 2 § 6
Chevres accouftrées en Chamois, la douzaine cy-deuant taxée,
    fept fols. ————————————————— £—ß 7 §—

Et pour la nouuelle reapreciation, cinq ſols. — ₤ — ß 5 ₰ —

Chevrotins, la balle cy-deuant taxée, dix ſols. — ₤ — ß 10 ₰ —

Et pour la nouuelle reapreciation, chacun cent, cinq ſols. ₤ — ß 5 ₰ —

Coiffes de ſoye, la liure cy-deuant taxée, quatorze ſols. — ₤ — ß 14 ₰ —

Et pour la nouuelle reapreciation, deux ſols. — ₤ — ß 2 ₰ —

Coiffes auec or ou argent, la liure, quatorze ſols. — ₤ — ß 14 ₰ —

Et pour la nouuelle reapreciation, deux ſols. — ₤ — ß 2 ₰ —

Cloux, Croſſes, à g os ouurages de fer, le quintal cy-deuant taxé,
deux ſols. — ₤ — ß 2 ₰ —

Et pour la nouuelle reapreciation, ſix ſols. — ₤ — ß 6 ₰ —

Codes, ou pierres eſmouloires, la balle cy-deuant taxée, dix ſols. ₤ — ß 10 ₰ —

Et pour la nouuelle reapreciation, trois ſols. — ₤ — ß 3 ₰ —

Collets de buffles, la piece cy-deuant taxée, cinq ſols. — ₤ — ß 5 ₰ —

Et pour la nouuelle reapreciation, cinq ſols. — ₤ — ß 5 ₰ —

Collets de chemiſes manufacturez en Flandres, la douzaine cy-
deuant taxée, dix ſols. — ₤ — ß 10 ₰ —

Et pour la nouuelle reapreciation, dix ſols. — ₤ — ß 10 ₰ —

Collets, gazes & coiffes, creſpelines, la liure cy-deuant taxée,
trente ſix ſols. — ₤ 1 ß 16 ₰ —

Et pour la nouuelle reapreciation, cinq ſols. — ₤ — ß 5 ₰ —

Collets de chemiſes de France, la douzaine cy-deuant taxée, cinq
ſols. — ₤ — ß 5 ₰ —

Et pour la nouuelle reapreciation, deux ſols ſix deniers. ₤ — ß 2 ₰ 6

Contrepointes, ou Lodiers venans de Bourgongne, la douzaine
cy-deuant taxée, douze ſols. — ₤ — ß 12 ₰ —

Et pour la nouuelle reapreciation, trois ſols. — ₤ — ß 3 ₰ —

Corbeilles, la douzaine cy-deuant taxée, cinq deniers. — ₤ — ß — ₰ 5

Et pour la nouuelle reapreciation, ſept deniers. — ₤ — ß — ₰ 7

Cordes eſtrangeres, le quintal cy-deuant taxé, trois ſols ſix den. ₤ — ß 3 ₰ 6

Et pour la nouuelle reapreciation, quatre ſols. — ₤ — ß 4 ₰ —

Cordes du Royaume, cy-deuant taxées, deux ſols. — ₤ — ß 2 ₰ —

Et pour la nouuelle reapreciation, trois ſols. — ₤ — ß 3 ₰ —

Cordes ou Carraſſes, la balle cy-deuant taxée, ſept ſols ſix deniers. ₤ — ß 7 ₰ 6

Et pour la nouuelle reapreciation, deux ſols. — ₤ — ß 2 ₰ —

Cordes, la balle cy-deuant taxée, ſept ſols ſix deniers. — ₤ — ß 7 ₰ 6

Et pour la nouuelle reapreciation, trois ſols. — ₤ — ß 3 ₰ —

Cordes de Luth, la quaiſſe peſant quinze liures, cy-deuant taxée,
quinze ſols. — ₤ — ß 15 ₰ —

Et pour la nouuelle reapreciation, trente ſols. — ₤ 1 ß 10 ₰ —

Cordes d'Arquebuſes, le quintal cy-deuant taxé, cinq ſols. — ₤ — ß 5 ₰ —

Et pour la nouuelle reapreciation, — neant.

Cordillats, Cadis du Creſt, Provence, Languedoc, Dauphiné, &
Caſtre, la charge cy-deuant taxée, quatre liures. — ₤ 4 ß — ₰ —

Et pour la nouuelle reapreciation, le cent, quinze ſols. — ₤ — ß 15 ₰ —

Et

Et le quintal cy-deuant taxé, vingt-six sols huict deniers. ₤ 1 ß 6 § 8

Et pour la nouuelle reapreciation, ———————— à proportion.

Cordillats & Reverche de Roüergue & du Puy, la charge cy-deuant taxée, quarante-cinq sols. ——————— ₤ 2 ß 5 § —

Et pour la nouuelle reapreciation, dix sols. ——— ₤ — ß 10 § —

Cornes de Cerf, le quintal cy deuant taxé, trois sols. ——— ₤ — ß 3 § —

Et pour la nouuelle reapreciation, vn sol six deniers. — ₤ — ß 1 § 6

L'Estrangere cy deuant taxée, quatre sols trois deniers. ₤ — ß 4 § 3

Et pour la nouuelle reapreciation, vn sol. ———— ₤ — ß 1 § —

Cornes d'Angleterre pour faire Lanternes, la balle payera trois liures cinq sols. ———————— ₤ 3 ß 5 § —

Et pour la nouuelle reapreciation, quinze sols. ——— ₤ — ß 15 § —

Corselets dorez, la piece cy-deuant taxée, trente deux sols six den. ₤ 1 ß 12 § 6

Et pour la nouuelle reapreciation, ———————— neant.

Cotton filé fin, le quintal cy deuant taxé, trente sols. ——— ₤ 1 ß 10 § —

Et pour la nouuelle reapreciation, trois liures dix sols. — ₤ 3 ß 10 § —

Cotton filé, le quintal cy-deuant taxé, vingt-vn sols. ——— ₤ 1 ß 1 § —

Et pour la nouuelle reapreciation, trente-vn sols. ——— ₤ 1 ß 11 § —

Cotton en laine, le quintal cy-deuant taxé, neuf sols neuf deniers. ₤ — ß 9 § 9

Et pour la nouuelle reapreciation, dix sols trois deniers. ₤ — ß 10 § 3

Cotton de Limoges, le quintal cy-deuant taxé, trente-cinq sols
six deniers. ———————— ₤ 1 ß 15 § 6

Et pour la nouuelle reapreciation, cinq sols. ——— ₤ — ß 5 § —

Coucons de soye, la balle cy-deuant taxée, vingt-trois sols six den. ₤ 1 ß 3 § 6

Et pour la nouuelle reapreciation, douze sols six deniers. ₤ — ß 12 § 6

Couppes d'Acier de Limoges, & autres de France, le quintal cy-
deuant taxé, cinq sols. ——————— ₤ — ß 5 § —

Et pour la nouuelle reapreciation, vn sol. ——— ₤ — ß 1 § —

Couppes d'Acier de Touraine, le quintal cy-deuant taxé, huict sols. ₤ — ß 8 § —

Et pour la nouuelle reapreciation, deux sols. ——— ₤ — ß 2 § —

Cousteaux de Tiers & autres, la charge cy-deuant taxée, dix-sept
sols six deniers. ——————— ₤ — ß 17 § 6

Et pour la nouuelle reapreciation, cinq sols. ——— ₤ — ß 5 § —

Coutils ou Flaines de Normandie, la charge cy-deuant taxée,
cinq liures. ——————— ₤ 5 ß — § —

Et pour la nouuelle reapreciation, le cent pesant, dix sols. ₤ — ß 10 § —

Coutils rayez de soye, la piece cy-deuant taxée, dix sols. ——— ₤ — ß 10 § —

Et pour la nouuelle reapreciation, deux sols. ——— ₤ — ß 2 § —

Coutils sans soye, la piece cy-deuant taxée, quatre sols six deniers. ₤ — ß 4 § 6

Et pour la nouuelle reapreciation, deux sols six deniers. ₤ — ß 2 § 6

Couuertes de Montpellier, d'Auignon, & autres semblables, la
charge cy deuant taxée, trois liures. ——— ₤ 3 ß — § —

Et pour la nouuelle reapreciation, le cent pesant, quinze
sols. ——————————— ₤ — ß 15 § —

Couuertes de laine d'Auuergne, la charge cy-deuant taxée, vingt
 fols. ——————————————————————ℓ 1 ß — ⅄ —
  Et pour la nouuelle reapreciation, le cent pefant, cinq fols. ℓ — ß 5 ⅄ —
Couuertes groffes, de poil de Chevre ou de Chien, la charge cy-
 deuant taxée, douze fols. ——————————————ℓ — ß 12 ⅄ —
  Et pour la nouuelle reapreciation, trois fols. ————ℓ — ß 3 ⅄ —
Couuertes de Montpellier, la balle cy-deuant taxée, trente fols. — ℓ 1 ß 10 ⅄ —
  Et pour la nouuelle reapreciatió, le cent pefát, quinze fols. ℓ — ß 15 ⅄ —
Couuertes à poil de Chien de Lorraine, la piece, vn fol. ——— ℓ — ß 1 ⅄ —
  Et pour la nouuelle reapreciation, vn fol. ————— ℓ — ß 1 ⅄ —
Couuertes de Cottonine piquées, la piece cy-deuant taxée, vne liu. ℓ 1 ß — ⅄ —
  Et pour la nouuelle reapreciation, cinq fols. ———— ℓ — ß 5 ⅄ —
Couuertes de poil de Chien, la charge cy-deuant taxée, douze fols. ℓ — ß 12 ⅄ —
  Et pour la nouuelle reapreciation, ———————————— neant.
Couuertes piquées avec taffetas, la piece, voyez *Varmes de taffetas.*
Couuertes de Catalogne, d'Efpagne, cy-deuant taxées, trois liures. ℓ 3 ß — ⅄ —
  Et pour la nouuelle reapreciation, trois fols. ———— ℓ — ß 3 ⅄ —
  Et la piece cy-deuant taxée, fept fols fix deniers. ——— ℓ — ß 7 ⅄ 6
  Et pour la nouuelle reapreciation, trois fols. ———— ℓ — ß 3 ⅄ —
Cordes à faire moureaux, la balle cy-deuant taxée, huiĉt fols. — ℓ — ß 8 ⅄ —
  Et pour la nouuelle reapreciation, deux fols. ———— ℓ — ß 2 ⅄ —
Crin de Cheval, le quintal cy-deuant taxé, huiĉt fols. ———— ℓ — ß 8 ⅄ —
  Et pour la nouuelle reapreciation, deux fols. ——— ℓ — ß 2 ⅄ —
Crefpe de cotton, cy deuát la charge eftimée & taxée, neuf liures. ℓ 9 ß — ⅄ —
  Et pour la nouuelle reapreciation, le cent, vingt fols. — ℓ 1 ß — ⅄ —
Crefpe de foye, la liure cy-deuant taxée, cinquante-quatre fols. ℓ 2 ß 14 ⅄ —
  Et pour la nouuelle reapreciation, ———————————— neant.
Crefpe crud, la liure cy-deuant taxée, trois fols. ————— ℓ — ß 3 ⅄ —
  Et pour la nouuelle reapreciation, vn fol. ————— ℓ — ß 1 ⅄ —
Crefpon de Naples, cy-deuant taxé, dix-neuf fols neuf deniers. ℓ — ß 19 ⅄ 9
  Et pour la nouuelle reapreciation, huiĉt fols trois deniers. ℓ — ß 8 ⅄ 3
Cryftal brut, le quintal cy-deuant taxé, trente fols. ——— ℓ 1 ß 10 ⅄ —
  Et pour la nouuelle reapreciation, dix fols. ———— ℓ — ß 10 ⅄ —
Cryftal, le quintal cy-deuant taxé, cinq liures. ————— ℓ 5 ß — ⅄ —
  Et pour la nouuelle reapreciation, vingt fols. ——— ℓ 1 ß — ⅄ —
Croye blanche & autres, le quintal cy-deuant taxé, deux fols fix
 deniers. ———————————————————ℓ — ß 2 ⅄ 6
  Et pour la nouuelle reapreciation, vn fol. ———— ℓ — ß 1 ⅄ —
Croifeaux d'Angleterre, la piece cy-deuant taxée, onze fols fix
 deniers. ———————————————————ℓ — ß 11 ⅄ 6
  Et pour la nouuelle reapreciation, trois fols fix deniers. — ℓ — ß 3 ⅄ 6
Croifeaux de Valence felin, la piece cy-deuant taxée, cinq fols
 neuf deniers. ——————————————————ℓ — ß 5 ⅄ 9
  Et pour la nouuelle reapreciation, trois fols trois deniers. ℓ — ß 3 ⅄ 3

Crofets

Crofets pour les Orphevres, la charge cy-deuãt taxée, quatre fols. £—ß 4 & —
   Et pour la nouuelle reapreciation, vn fol. —————— £—ß 1 & —
Croifettes rayées de foye, la liure cy-deuant taxée, fept fols fix den. £—ß 7 & 6
   Et pour la nouuelle reapreciation, deux fols fix deniers. £—ß 2 & 6
Croifettes de laine, la piece cy-deuant taxée, quatre fols fix den. £—ß 4 & 6
   Et pour la nouuelle reapreciation, deux fols. ———— £—ß 2 & —
Croifettes de laine rayées, la piece cy-deuant taxée, quatre fols
   fix deniers. ——————————————— £—ß 4 & 6
   Et pour la nouuelle reapreciation, deux fols. ——— £—ß 2 & —
Cuillieres de fer, la douzaine cy-deuant taxée, trois deniers. —£—ß—& 3
   Et pour la nouuelle reapreciation, trois deniers. ——— £—ß—& 3
Cuirs de Bœuf, Vache, Braue, pelus, l'vn portant l'autre, la piece
   cy-deuant taxée, vn fol. ———————————— £—ß 1 & —
   Et pour la nouuelle reapreciation, deux fols. ——— £—ß 2 & —
   L'Eftranger, la piece cy-deuant taxée, vn fol neuf deniers. £—ß 1 & 9
   Et pour la nouuelle reapreciation, trois fols. ——— £—ß 3 & —
Cuir tanné & habillé, le quintal cy-deuant taxé, quatre fols. —£—ß 4 & —
   Et pour la nouuelle reapreciation, douze fols. ——— £—ß 12 & —
Cuiure tiré d'or, la liure cy-deuant taxée, quatre fols. ——— £—ß 4 & —
   Et pour la nouuelle reapreciation, deux fols. ——— £—ß 2 & —
Cuiure tiré en verge, le quintal cy-deuant taxé, douze fols. —£—ß 12 & —
   Et pour la nouuelle reapreciation, dix-huiɕ fols. ——— £—ß 18 & —
Cuiure d'Alemagne, ou rozette, le quintal cy-deuant taxé, neuf
   fols. ——————————————————— £—ß 9 & —
   Et pour la nouuelle reapreciation, vingt-vn fols. ——— £ 1 ß 1 & —
Cuiure, le quintal cy-deuant taxé, huiɕ fols. ————— £—ß 8 & —
   Et pour la nouuelle reapreciation, vingt-deux fols. —— £ 1 ß 2 & —
Cuiure ou Leton vieux ou rõpu, le quintal cy-deuãt taxé, cinq fols. £—ß 5 & —
   Et pour la nouuelle reapreciation, dix fols. ———— £—ß 10 & —
Cottonnines, la piece cy-deuant taxée, deux fols. ——— £—ß 2 & —
   Et pour la nouuelle reapreciation, fix deniers. ——— £—ß—& 6
Coquilles de Nacre, le quintal cy-deuant taxé, trois liures. —— £ 3 ß—& —
   Et pour la nouuelle reapreciation, —————————— neant.
Chapeaux garnis, la douzaine payera quatre fols. ———— £—ß 4 & —
   Et pour la nouuelle reapreciation, huiɕ fols. ——— £—ß 8 & —
Carlets, la piece cy-deuant taxée, quatre fols fix deniers. —— £—ß 4 & 6
   Et pour la nouuelle reapreciation, vn fol fix deniers. —£—ß 1 & 6
Camifettes de cottonnine piquées de fatin & taffetas, cy-deuant
   taxées, cinq fols. ——————————————— £—ß 5 & —
   Et pour la nouuelle reapreciation, trois fols. ——— £—ß 3 & —
Cadits & Cordillats d'Efpagne, la balle cy-deuant taxée, trois
   liures. ———————————————————— £ 3 ß—& —
   Et pour la nouuelle reapreciation, vingt fols. ——— £ 1 ß—& —
Chapeaux de Caftor, la piece garnis ou non garnis, vingt fols. —£ 1 ß—& —

Cravates groffieres pour foldats fa 12.ᵐᵉ 3.ſ   G   Cordons
Craye Rouge, comme fanguine l'¹⁄₈ d 2.ſ

Cordons d'or & d'argent, la douzaine, trente-six fols. ——————℔ 1 ℔ 16 ß—
Cordons d'or & d'argent faux, la douzaine, deux fols fix deniers.℔—ß 2 ß 6
Chandelles de fuif, ou Suif, le quintal, dix fols. ——————℔—ß 10 ß—
Cheuaux d'Efpagne au deffous de quatre-vingts dix liures de va-
leur, quatre liures dix fols. ——————℔ 4 ß 10 ß—
Et au deffus de quatre-vingts dix liures, payerōt huiċt liu.℔ 8 ß—ß—

Efpiceries & Drogueries.

D

Dattes, pour les quatre pour cent cy-deuant taxez, dix fols. ℔—ß 10 ß—
Et pour la nouuelle reapreciation, deux fols. ——————℔—ß 2 ß—
Dictemus, le quintal cy-deuant taxé, douze fols. ——————℔—ß 12 ß—
Et pour la nouuelle reapreciation, dix fols. ——————℔—ß 10 ß—
Pour les quatre pour cent cy-deuant taxez, treize fols
trois deniers. ——————℔—ß 13 ß 3
Deçus Creticus, le quintal cy-deuant taxé, deux liures deux fols
fix deniers. ——————℔ 2 ß 2 ß 6
Et pour la nouuelle reapreciation, ——————neant.
Pour les quatre pour cent cy-deuant taxez, cinq liures. —℔ 5 ß—ß—
Et pour la nouuelle reapreciation, ——————neant.
Drogueries cy-deuant taxées, cinq liures deux fols fix deniers. —℔ 5 ß 2 ß 6
Et pour la nouuelle reapreciation, ——————neant.

Marchandifes.

Dails de Piedmont, & autres, le cent pefant cy-deuant taxé, vingt-
fept fols. ——————℔ 1 ß 7 ß—
Et pour la nouuelle reapreciation, fix fols. ——————℔—ß 6 ß—
Dagues, la douzaine cy-deuant taxée, vn fol. ——————℔—ß 1 ß—
Et pour la nouuelle reapreciation, voyez *Allemelles*.
L'eftranger cy-deuant taxé, vn fol fix deniers. ——————℔—ß 1 ß 6
Et pour la nouuelle reapreciation, ——————Idem.
Damas à florettes d'or & d'argent & foye, la liure cy-deuant taxée,
quarante-cinq fols trois deniers. ——————℔ 2 ß 5 ß 3
Et pour la nouuelle reapreciation, dix fols. ——————℔—ß 10 ß—
Damas auec or ou argent, la liure cy-deuant taxée, trente-fix fols.℔ 1 ß 16 ß—
Et pour la nouuelle reapreciation, huit fols. ——————℔—ß 8 ß—
Damas de Florence, Boulongne & Naples, la liure cy-deuant taxée,

dix-neuf

dix-neuf fols neuf deniers. ——————————— ℓ — ß 19 𝔤 9
  Et pour la nouuelle reapreciation, cinq fols. ——— ℓ — ß 5 𝔤 —
Damas de Gennes, la liure cy-deuant taxée, dix-huiſt fols quatre
  deniers. ——————————————— ℓ — ß 18 𝔤 4
  Et pour la nouuelle reapreciation, cinq fols. ——— ℓ — ß 5 𝔤 —
  Pour le mandement, pour piece cy-deuant taxé, trois liu. ℓ 3 ß — 𝔤 —
  Et pour la nouuelle reapreciation, ————————————neant.
Damas de Lucques, la liure cy-deuant taxée, dix-ſept fols trois den. ℓ — ß 17 𝔤 3
  Et pour la nouuelle reapreciation, cinq fols. ——— ℓ — ß 5 𝔤 —
Damas de Milan, la liure cy-deuant taxée, dix-huiſt fols trois den. ℓ — ß 18 𝔤 3
  Et pour la nouuelle reapreciation, ſix fols. ——— ℓ — ß 6 𝔤 —
Damas de Veniſe, la liure cy-deuant taxée, vingt-quatre fols. —ℓ 1 ß 4 𝔤 —
  Et pour la nouuelle reapreciation, huiſt fols. ——— ℓ — ß 8 𝔤 —
Damas de ſoye rouge cramoiſy, quarante-huiſt fols neuf deniers. ℓ 2 ß 8 𝔤 9
  Et pour la nouuelle reapreciation, huiſt fols trois deniers. ℓ — ß 8 𝔤 3
Damas violet, ou incarnat cramoiſy, de toutes ſortes, la liure cy-
  ✳ deuant taxée, trente-neuf fols. ——————— ℓ 1 ß 19 𝔤 —
Deuues, oſtades & ſatines de toutes ſortes, la piece cy-deuant
  taxée, trois fols. ———————————— ℓ — ß 3 𝔤 —
  Et pour la nouuelle reapreciation, deux fols. ——— ℓ — ß 2 𝔤 —
  L'eſtranger cy-deuant taxé, ſix fols. ————— ℓ — ß 6 𝔤 —
  Et pour la nouuelle reapreciation, deux fols. ——— ℓ — ß 2 𝔤 —
Draps d'Angleterre, cy-deuant taxez, quatre liures. ——— ℓ 4 ß — 𝔤 —
  Et pour la nouuelle reapreciation, quarante fols. ——— ℓ 2 ß — 𝔤 —
Draps d'Aumalle, le fonds ou charge de quatre quintaux, cy-de-
  uant taxez, cinquante-cinq fols. ————— ℓ 2 ß 15 𝔤 —
  Et pour la nouuelle reapreciation, le cent, neuf fols. —ℓ — ß 9 𝔤 —
  Le quintal cy-deuant taxé, treize fols neuf deniers. ——ℓ — ß 13 𝔤 9
  Et pour la nouuelle reapreciation, dix fols. ——— ℓ — ß 10 𝔤 —
Draps de Bourges, Troyes & Beauuais, le fonds & charge n'exce-
  dant quatre quintaux, cy-deuant taxez, ſix liures. —ℓ 6 ß — 𝔤 —
  Et pour la nouuelle reapreciation, le cent, vingt fols. —ℓ 1 ß — 𝔤 —
Draps de Bureaux, Aignis, la charge cy-deuant taxée, ſept fols ſix
  deniers. ——————————————— ℓ — ß 7 𝔤 6
  Et pour la nouuelle reapreciation, le cent, dix fols. ——ℓ — ß 10 𝔤 —
Draps de Carcaſſonne, Languedoc, Valence, Romans & Lyon-
  nois, la charge cy-deuant taxée, quatre liures. ——— ℓ 4 ß — 𝔤 —
  Et pour la nouuelle reapreciation, le cent, quinze fols. —ℓ — ß 15 𝔤 —
Draps de Caſtres, la charge cy-deuant taxée, quatre liures. —— ℓ 4 ß — 𝔤 —
  Et pour la nouuelle reapreciation, le cent, quinze fols. —ℓ — ß 15 𝔤 —
Draps de Flandres, la piece cy-deuant taxée, quatre liures cinq fols. ℓ 4 ß 5 𝔤 —
  Et pour la nouuelle reapreciation, trente-cinq fols. —ℓ 1 ß 15 𝔤 —
Draps de gros bureau noir, gris, blanc, la charge cy-deuant taxée,
  ſix fols. ——————————————— ℓ — ß 6 𝔤 —

Et pour la nouuelle reapreciation, la balle cinq sols. ——ℒ—ß 5 §—

Draps d'or & d'argent, comme velours en fonds d'or & d'argent, la liure cy-deuant taxée, quarante-deux sols neuf den. ℒ 2 ß 2 § 9

Et pour la nouuelle reapreciation, dix sols. ——ℒ—ß 10 §—

Draps d'or & d'argent, frizes riches, pour tous droicts, la liure de seize onces poids de marc, cy-deuant taxée, quatre liures treize sols six deniers. ——ℒ 4 ß 13 § 6

Et pour la nouuelle reapreciation, seize sols trois deniers. ℒ—ß 16 § 3

Draps d'Orgelet, la balle cy-deuant taxée, dix-sept sols six den.—ℒ—ß 17 § 6

Et pour la nouuelle reapreciation, cinq sols. ——ℒ—ß 5 §—

Draps de Paris, Vicomté, de toutes sortes, le fonds n'excedant quatre quintaux, cy-deuant taxez, huict liures. ——ℒ 8 ß—§—

Et pour la nouuelle reapreciation, le cent, trente sols. —ℒ 1 ß 10 §—

Draps de Parpignan, la piece cy-deuant taxée, trois liures dix sols. ℒ 3 ß 10 §—

Et pour la nouuelle reapreciation, trente sols. ——ℒ 1 ß 10 §—

Draps de Poictou, Partenay & Nior, le fonds ou serges, cy-deuant taxé, cinquante-cinq sols. ——ℒ 2 ß 15 §—

Et pour la nouvelle reapreciation, le cent, dix sols. ——ℒ—ß 10 §—

Draps de Rocques, Cabardes, Sainct Cosme, & Sainct Pons, la charge cy-deuant taxée, vingt-cinq sols. ——ℒ 1 ß 5 §—

Et pour la nouuelle reapreciation, le cent, dix sols. —ℒ—ß 10 §—

Draps de Rodez, la balle cy-deuant taxée, dix sols. ——ℒ—ß 10 §—

Et pour la nouuelle reapreciation, le cent, cinq sols. —ℒ—ß 5 §—

Draps de Roüen, le fonds n'excedant quatre quintaux, cy-deuant taxé, douze liures. ——ℒ 12 ß—§—

Et pour la nouuelle reapreciation, le cent, trente sols. —ℒ 1 ß 10 §—

Draps de Troye, le quintal cy-deuant taxé, trente-sols. ——ℒ 1 ß 10 §—

Et pour la nouuelle reapreciation, le cent, dix sols. —ℒ—ß 10 §—

Draps de Ville-franche, ou Roüergue, Vzez, Beziers & Mont-real, la charge cy-deuant taxée, quarante-cinq sols. ——ℒ 2 ß 5 §—

Et pour la nouuelle reapreciation, le cent, sept sols six den. ℒ—ß 7 § 6

Draps de Vire, le fonds de quatre quintaux, cy-deuant taxé, trois liures. ——ℒ 3 ß—§—

Et pour la nouuelle reapreciation, le cent, dix sols. ——ℒ—ß 10 §—

Le quintal cy-deuant taxé, quinze sols. ——ℒ—ß 15 §—

Et pour la nouuelle reapreciation, dix sols. ——ℒ—ß 10 §—

Draps du Crest, le quintal cy-deuant taxé, vingt-six sols huict deniers. ——ℒ 1 ß 6 § 8

Et pour la nouuelle reapreciation, six sols quatre deniers. ℒ—ß 6 § 4

Draps du Puys, Rodez, Mandes, Melun, & autres semblables, la charge cy-deuant taxée, vingt sols. ——ℒ 1 ß—§—

Et pour la nouuelle reapreciation, le cent, cinq sols. —ℒ—ß 5 §—

Draps du Seau, le quintal cy-deuant taxé, trois liures. ——ℒ 3 ß—§—

Et pour la nouuelle reapreciation, trente sols. ——ℒ 1 ß 10 §—

Droguez

Droguez, la charge de trois cens cy-deuant taxez, dix-sept sols
    six deniers. ———————————————— ℓ — ß 17 δ 6
    Et pour la nouuelle reapreciation, le cent, cinq sols. — ℓ — ß 5 δ —
    La piece cy-deuant taxée, deux sols six deniers. ——— ℓ — ß 2 δ 6
    Et pour la nouuelle reapreciation, voyez cy-dessus. —
Dentelles d'or & d'argent, la liure cy-deuant taxée, trente-six sols. ℓ 1 ß 16 δ —
    Et pour la nouuelle reapreciation, douze sols. ——— ℓ — ß 12 δ —
Dentelles, Point couppé de Flandres, & autres ouurages de fil du-
    dit pays, la liure, quatre liures. ——————— ℓ 4 ß — δ —
Dentelles de Liege, Lorraine, & du Comté, la liure, quarante sols. ℓ 2 ß — δ —

Drap d'Escarlatte de france la piece de 20 aulnes 9 4ᵗ ⌠ 1⌡
Sanne et

Espiceries & Drogueries.

Emery a 15.

E

Eau d'Enar & Naphe, la charge cy-deuant taxée, trente sols. — ℓ 1 ß 10 δ —
    Et pour la nouuelle reapreciation, ——————————— neant.
Encens, le quintal cy-deuant taxé, trente-deux sols six deniers. — ℓ 1 ß 12 δ 6
    Et pour la nouuelle reapreciation, cinq sols. ——— ℓ — ß 5 δ —
    Pour les quatre pour cent cy-deuant taxez, douze sols. — ℓ — ß 12 δ —
    Et pour la nouuelle reapreciation, vingt sols. ——— ℓ 1 ß — δ —
Escorce de Citron confit, le quintal cy-deuant taxé, vingt sols. — ℓ 1 ß — δ —
    Et pour la nouuelle reapreciation, vingt sols. ——— ℓ 1 ß — δ —
Escorce de Gayat de Levant, le quintal cy-deuant taxé, dix sols. — ℓ — ß 10 δ —
    Et pour la nouuelle reapreciation, deux sols six deniers. ℓ — ß 2 δ 6
    Pour les quatre pour cent cy-deuant taxez, cinq sols. — ℓ — ß 5 δ —
    Et pour la nouuelle reapreciation, quinze sols. ——— ℓ — ß 15 δ —
Esponges, le quintal cy-deuant taxé, douze sols huict deniers. — ℓ — ß 12 δ 8
    Et pour la nouuelle reapreciation, sept sols six deniers. — ℓ — ß 7 δ 6
    Pour les quatre pour cent cy-deuãt taxez, trente-deux sols. ℓ 1 ß 12 δ —
    Et pour la nouuelle reapreciation, ——————————— neant.
Euforbe, le quintal cy-deuant taxé, treize sols trois deniers. ——— ℓ — ß 13 δ 3
    Et pour la nouuelle reapreciation, ——————————— neant.
    Pour les quatre pour cent cy-deuant taxez, douze sols. — ℓ — ß 12 δ —
    Et pour la nouuelle reapreciation, quatre sols. ——— ℓ — ß 4 δ —
Epithimy, le quintal cy-deuant taxé, deux sols six deniers. ——— ℓ — ß 2 δ 6
    Et pour la nouuelle reapreciation, treize sols. ——— ℓ — ß 13 δ —
Ellebore blanc racine, le quintal cy-deuant taxé, deux sols six den. ℓ — ß 2 δ 6
    Et pour la nouuelle reapreciation, dix sols. ——— ℓ — ß 10 δ —
Eau de fleur d'Orange, la quaisse cy-deuant taxée, quinze sols. — ℓ — ß 15 δ —
    Et pour la nouuelle reapreciation, douze sols. ——— ℓ — ß 12 δ —
Escorce de Tamariq, le quintal cy-deuant taxé, deux sols six den. ℓ — ß 2 δ 6
    Et pour la nouuelle reapreciation, six deniers. ——— ℓ — ß — δ 6

Esquine ou appros . . . . 4ᵗ 10.

Marchandises.

Ermines, le timbre cy-deuant taxé, vingt-cinq fols. ———— £ 1 ß 5 ₰—
    Et pour la nouuelle reapreciation, deux fols fix deniers. —£—ß 2 ₰ 6

Efcarlatte de Milan, Vincence, & autres lieux d'Italie, la piece cy-
    deuant taxée, cinq liures cinq fols. ———— £ 5 ß 5 ₰—
    Et pour la nouuelle reapreciation, trois liures quinze fols. £ 3 ß 15 ₰—

Efcarlatte de Paris, la piece cy-deuant taxée, trois liures. ——— £ 3 ß— ₰—
    Et pour la nouuelle reapreciation, vingt fols. ——— £ 1 ß— ₰—

Efcarlatte d'Efpagne, la piece cy-deuant taxée, fept liures cinq fols. £ 7 ß 5 ₰—
    Et pour la nouuelle reapreciation, cinquante-cinq fols. —£ 2 ß 15 ₰—

Efclappes de Languedoc, la charge cy-deuant taxée, fix fols. —£—ß 6 ₰—
    Et pour la nouuelle reapreciation, le cent, vn fol. ——£—ß 1 ₰—

Efguilles de Milan, la balle cy-deuant taxée, quarante-cinq fols. —£ 2 ß 5 ₰—
    Et pour la nouuelle reapreciation, le cent, dix fols. —£—ß 10 ₰—

Efguilles d'Allemagne, le quintal cy-deuant taxé, trois liures cinq
    fols. ————————— £ 3 ß 5 ₰—
    Et pour la nouuelle reapreciation, quinze fols. ——— £—ß 15 ₰—

Efgrette, la liure cy-deuant taxée, fept fols. ——— £—ß 7 ₰—
    Et pour la nouuelle reapreciation, deux fols. ——— £—ß 2 ₰—

Efmail, la quaiffe cy-deuant taxée, cinq liures. ——— £ 5 ß— ₰—
    Et pour la nouuelle reapreciation, le cent, dix fols. —£—ß 10 ₰—

Efmery, le quintal cy-deuant taxé, dix fols. ——— £—ß 10 ₰—
    Et pour la nouuelle reapreciation, le cent, cinq fols. —£—ß 5 ₰—

Efpingles, la charge de trois quintaux, cy-deuant taxée, vingt fols. £ 1 ß— ₰—
    Et pour la nouuelle reapreciation, le cent, quinze fols. —£—ß 15 ₰—

L'eftrangere cy-deuant taxée, trente-huict fols. ——— £ 1 ß 18 ₰—
    Et pour la nouvelle reapreciation, le cent, douze fols. —£—ß 12 ₰—

Eftaing de Milan & autres d'Italie, & autres, la balle cy-deuant
    taxée, treize liures. ——— £ 13 ß— ₰—
    Et pour la nouuelle reapreciation, le cent, dix fols. ——£—ß 10 ₰—

Eftaing petit, la balle cy-deuant taxée, trente-cinq fols. ——— £ 1 ß 15 ₰—
    Et pour la nouuelle reapreciation, le cent, deux fols. —£—ß 2 ₰—

Eftaing de Languedoc, la balle cy-deuant taxée, quarante fols. —£ 2 ß— ₰—
    Et pour la nouuelle reapreciation, le cent, huict fols. —£—ß 8 ₰—

Eftaing en faumon, le quintal cy-deuant taxé, dix-fept fols fix den. £—ß 17 ₰ 6
    Et pour la nouuelle reapreciation, le cent, fept fols fix den. £—ß 7 ₰ 6

Eftaing en œuure, le quintal cy-deuant taxé, vingt-cinq fols. —£ 1 ß 5 ₰—
    Et pour la nouuelle reapreciation, le cent, dix fols. ——£—ß 10 ₰—

Eftaing viel, le quintal cy-deuant taxé, quinze fols. ——— £—ß 15 ₰—
    Et pour la nouuelle reapreciation, trois fols. ——— £—ß 3 ₰—

Eftamet de Milan, & autres lieux d'Italie, la piece cy-deuant taxée,
    quarante fols. ——————— £ 2 ß— ₰—
    Et pour la nouuelle reapreciation, quinze fols. ——— £—ß 15 ₰—

Eftamet

Eſtamet de Milan, la balle cy-deuant taxée, treize liures. ———£ 13 ß — § —
 Et pour la nouuelle reapreciation, le cent, trente ſols. —£ 1 ß 10 § —
Eſtamet de Milan cramoiſy, la piece cy-deuant taxée, cinq liures
 cinq ſols. ————————————————£ 5 ß 5 § —
 Et pour la nouuelle reapreciation, vingt-cinq ſols. ——£ 1 ß 5 § —
Eſtamines d'Auuergne, la charge cy-deuant taxée, ſeize ſols. —£ — ß 16 § —
 Et pour la nouuelle reapreciation, ſeize ſols. ———£ — ß 16 § —
 Le ballon cy-deuant taxé, quatre ſols. ———£ — ß 4 § —
 Et pour la nouuelle reapreciation, quatre ſols. ———£ — ß 4 § —
Eſtamines de Rheims, la piece cy-deuant taxée, deux ſols. ——£ — ß 2 § —
 Et pour la nouuelle reapreciation, trois ſols. ———£ — ß 3 § —
Eſteufs, la charge cy-deuant taxée, ſix ſols. ————£ — ß 6 § —
 Et pour la nouuelle reapreciation, deux ſols. ———£ — ß 2 § —
Eſtaches de Galettes de France, la balle cy-deuant taxée, treize
 ſols ſix deniers. —————————————£ — ß 13 § 6
 Et pour la nouuelle reapreciation, trois ſols. ———£ — ß 3 § —
Eſtoupes blanches, le quintal cy-deuant taxé, ſix ſols. ———£ — ß 6 § —
 Et pour la nouuelle reapreciation, vn ſol. ———£ — ß 1 § —
Eſtoupes en bourre, le quintal cy-deuant taxé, quatre deniers. —£ — ß — § 4
 Et pour la nouuelle reapreciation, huict deniers. ——£ — ß — § 8
 L'eſtrangere cy-deuant taxée, ſept deniers. ——£ — ß — § 7
 Et pour la nouuelle reapreciation, huict deniers. ——£ — ß — § 8
Eſtoupes en bourre, la balle de charette cy-deuãt taxée, quatre ſols. £ — ß 4. § —
 Et pour la nouuelle reapreciation, à l'équipolēt quatre ſols. £ — ß 4. § —
Eſtoupes du pays, la piece cy-deuant taxée, vn ſol. ———£ — ß 1 § —
 Et pour la nouuelle reapreciation, vn ſol. ——£ — ß 1 § —
Eſtouperies, la balle eſtrangere cy-deuant taxée, treize ſols. ——£ — ß 13 § —
 Et pour la nouuelle reapreciatiõ, le cent, deux ſols ſix den. £ — § 2 § 6
Eſtouperies eſtrangeres, la piece cy-deuant taxée, vn ſol neuf den. £ — ß 1 § 9
 Et pour la nouuelle reapreciation, , neuf deniers. ——£ — ß — § 9
Eſguillettes de ſoye de Paris ou Roüen, la liure cy-deuant taxée,
 quatre ſols. ————————————£ — ß 4 § —
 Et pour la nouuelle reapreciation, quatre ſols. ———£ — ß 4 § —
Eau de vie, le quintal, ſeize ſols. ———————£ — ß 16 § —

Etamines du Mans le quintal a —————— 5ᵗᵗ 10ˢ
Etain en feüilles comme Etain ouuré a ————— 1ᵗᵗ 15ˢ
Etoffes de ſoye a feüilles Lacour . ———— 1ᵗᵗ 0ˢ

Eſpiceries & Drogueries.

F

FEnoil, le quintal cy-deuant taxé, trois ſols neuf deniers. ——£ — ß 3 § 9
 Et pour la nouuelle reapreciation, ſix ſols trois deniers. —£ — ß 6 § 3

Pour les quatre pour cent cy-deuant taxez, trois ſols. —ℓ—ß 3 ß—

Et pour la nouuelle reapreciation, treize ſols. ————ℓ—ß 13 ß—

Fleurs de Violettes, & autres, la charge cy-deuant taxée, ſept ſols
ſix deniers. ————————ℓ—ß 7 ß 6

Et pour la nouuelle reapreciation, deux ſols ſix deniers. ℓ—ß 2 ß 6

Folij Indi, le quintal cy-deuant taxé, vingt ſols ſix deniers. ——ℓ 1 ß— ß 6

Et pour la nouuelle reapreciation, cinquante-quatre ſols
ſix deniers. ————————ℓ 2 ß 14 ß 6

Florée, le quintal cy-deuant taxé, vingt deux ſols ſix deniers. —ℓ 1 ß 2 ß 6

Et pour la nouuelle reapreciation, dix-ſept ſols ſix deniers. ℓ—ß 17 ß 6

Pour les quatre pour cent cy-deuant taxez, trois liures. —ℓ 3 ß— ß—

Et pour la nouuelle reapreciation, cinq ſols. ————ℓ—ß 5 ß—

Fuſtet, le quintal cy-deuant taxé, quatre deniers. ————ℓ—ß— ß 4

Et pour la nouuelle reapreciation, vn ſol ſix deniers. —ℓ—ß 1 ß 6

Florum Carthamy, ou Saffran baſtard, le quintal cy-deuant taxé,
vingt ſols. ————————ℓ 1 ß— ß—

Et pour la nouuelle reapreciation, dix ſols. ————ℓ—ß 10 ß—

Flus d'eſquinant, le quintal cy-deuant taxé, douze ſols. ——ℓ—ß 12 ß—

Et pour la nouuelle reapreciation, trois ſols. ——ℓ—ß 3 ß—

Pour les quatre pour cent cy-deuant taxez, quatorze ſols. ℓ—ß 14 ß—

Et pour la nouuelle reapreciation, dix ſols. ————ℓ—ß 10 ß—

Fleuret d'Inde, pour tous droicts, cy-deuant taxé, ſept liures. —ℓ 7 ß— ß—

Et pour la nouuelle reapreciation, ————————neant.

Figues, le quintal, deux ſols ſix deniers. ————ℓ—ß 2 ß 6

Marchandiſes.

Flacquieres de Mulets, la charge cy-deuant taxée, ſeize ſols. —ℓ—ß 16 ß—

Et pour la nouuelle reapreciation, le cent, quatre ſols. —ℓ—ß 4 ß—

Faucilles ou Dailles, le cent peſant cy-deuant taxé, vingt ſept ſols. ℓ 1 ß 7 ß—

Et pour la nouuelle reapreciation, ſix ſols. ————ℓ—ß 6 ß—

Faucilles du Royaume, le cent cy-deuant taxé, ſeize ſols ſix deniers. ℓ—ß 16 ß 6

Et pour la nouuelle reapreciation, ſix ſols ſix deniers. —ℓ—ß 6 ß 6

Faulx ou Volanes, le quintal cy-deuant taxé, quatre ſols. ——ℓ—ß 4 ß—

Et pour la nouuelle reapreciation, dix ſols. ——ℓ—ß 10 ß—

Fellins, la piece cy-deuant taxée, cinq ſols neuf deniers. ——ℓ—ß 5 ß 9

Et pour la nouuelle reapreciation, vn ſol trois deniers. —ℓ—ß 1 ß 3

Fer en gueuze du pays, cy-deuant taxé, huict ſols. ——ℓ—ß 8 ß—

Et pour la nouuelle reapreciation, le cent, ſix deniers. —ℓ—ß— ß 6

Fer eſtranger, ou Guiſe, cy-deuant taxé, treize ſols. ——ℓ—ß 13 ß—

Et pour la nouuelle reapreciation, le cent, vn ſol. ——ℓ—ß 1 ß—

Fer eſtranger en bandes, le cent de bandes cy-deuant taxé, trente-
deux ſols ſix deniers. ————————ℓ 1 ß 12 ß 6

Et pour La Nouuelle reapreciation le Cent dix ſols ℓ—ß 10 ß

Fer bandes doux, le cent cy-deuant taxé, vingt fols. — ℔—ß 1 §—

    Et pour la nouuelle reapreciation, dix fols. — ℔—ß 10 §—

Fer, tant en petites bandes que fouchons, le quintal cy-deuant taxé, deux fols. — ℔—ß 2 §—

    Et pour la nouuelle reapreciation, vn fol fix deniers. — ℔—ß 1 § 6

Fil crud, le quintal cy-deuant taxé, fix fols. — ℔—ß 6 §—

    Et pour la nouuelle reapreciation, vn fol fix deniers. — ℔—ß 1 § 6

Fil crud Eftranger, le quintal cy-deuant taxé, neuf fols. — ℔—ß 9 §—

    Et pour la nouuelle reapreciation, trois fols. — ℔—ß 3 §—

Fil teint, le quintal cy-deuant taxé, fept fols fix deniers. — ℔—ß 7 § 6

    Et pour la nouuelle reapreciation, quatre fols fix deniers. ℔—ß 4 § 6

Fil Eftranger teint, le quintal cy-deuant taxé, douze fols fix den. ℔—ß 12 § 6

    Et pour la nouuelle reapreciation, quatre fols fix deniers. ℔—ß 4 § 6

Fil de balle, le quintal cy-deuant taxé, trois fols. — ℔—ß 3 §—

    Et pour la nouuelle reapreciation, vn fol. — ℔—ß 1 §—

Fil d'eftoupe, le quintal cy-deuant taxé, deux fols. — ℔—ß 2 §—

    Et pour la nouuelle reapreciation, fix deniers. — ℔—ß—§ 6

Fil d'eftoupes eftrangeres, le quintal cy-deuant taxé, deux fols fix
deniers. — ℔—ß 2 § 6

    Et pour la nouuelle reapreciation, vn fol fix deniers. — ℔—ß 1 § 6

Fil n'eftric, le quintal cy-deuant taxé, vn fol fix deniers. — ℔—ß 1 § 6

    Et pour la nouuelle reapreciation, fix deniers. — ℔—ß—§ 6

Fil de Pallemard, le quintal cy-deuant taxé, trois fols. — ℔—ß 3 §—

    Et pour la nouuelle reapreciation, vn fol. — ℔—ß 1 §—

    Et l'Eftranger cy-deuant taxé, quatre fols fix deniers. — ℔—ß 4 § 6

    Et pour la nouuelle reapreciation, vn fol fix deniers, — ℔—ß 1 § 6

Fil d'Orillac & de Bourgongne blanc, le quintal cy-deuant taxé,
trente fols. — ℔ 1 ß 10 §—

    Et pour la nouuelle reapreciation, cinq fols. — ℔—ß 5 §—

Fil blanc du pays, le quintal cy-deuant taxé, fept fols fix deniers. — ℔—ß 7 § 6

    Et pour la nouuelle reapreciation, deux fols fix deniers. ℔—ß 2 § 6

Fil d'efpine de Flandres, le quintal cy-deuant taxé, trois liures cinq
fols. — ℔ 3 ß 5 §—

    Et pour la nouuelle reapreciation, trente-cinq fols. — ℔ 1 ß 15 §—

Fil blanc façon d'efpine de France, le quintal cy-deuant taxé,
trente fols. — ℔ 1 ß 10 §—

    Et pour la nouuelle reapreciation, trente fols. — ℔ 1 ß 10 §—

Fil d'eftoupes blanches, le quintal cy-deuant taxé, fix fols. — ℔—ß 6 §—

    Et pour la nouuelle reapreciation, trois fols. — ℔—ß 3 §—

Fil d'arbaleftre, la quaiffe cy-deuant taxée, huict fols. — ℔—ß 8 §—

    Et pour la nouuelle reapreciation, deux fols. — ℔—ß 2 §—

Fil de Bretagne, le quintal cy-deuant taxé, vingt fols. — ℔ 1 ß—§—

    Et pour la nouuelle reapreciation, fix fols. — ℔—ß 6 §—

Fil de fer de toutes fortes de France, le quintal cy-deuant taxé,

I

fix

fix fols quatre deniers. ———————————— ⌐—ß 6 ẞ 4

    Et pour la nouuelle reapreciation, cinq fols huict deniers. ⌐—ß 5 ẞ 8

Fil d'Archal d'Allemagne, le quintal cy-deuant taxé, huict fols. —⌐—ß 8 ẞ—

    Et pour la nouuelle reapreciation, huict fols. ——— ⌐—ß 8 ẞ—

Fil de laine pour Eftamines, la charge cy-deuant taxée, quinze fols. ⌐—ß 15 ẞ—

    Et pour la nouuelle reapreciation, trente fols. ——— ⌐ 1 ß 10 ẞ—

Fil de fer de toutes fortes d'Italie, le quintal cy-deuant taxé, trente-

    deux fols fix deniers. ——————————— ⌐ 1 ß 12 ẞ 6

    Et pour la nouuelle reapreciation, ————————— neant.

Fil d'or ou d'argent traict, la liure cy-deuant taxée, trois liures

    quinze fols. ——————————————— ⌐ 3 ß 15 ẞ—

    Et pour la nouuelle reapreciation, ————————— neant.

Fil de Treuols, le quintal cy-deuant taxé, trois fols. ——— ⌐—ß 3 ẞ—

    Et pour la nouuelle reapreciation, deux fols. ——— ⌐—ß 2 ẞ—

Fil de chainettes, le quintal cy-deuant taxé, vingt fols. ——— ⌐ 1 ß—ẞ—

    Et pour la nouuelle reapreciation, deux fols fix deniers. —⌐—ß 2 ẞ 6

Fil de leton, le quintal cy-deuant taxé, huict fols. ——— ⌐—ß 8 ẞ—

    Et pour la nouuelle reapreciation, douze fols. ——— ⌐—ß 12 ẞ—

Fil d'eftoupes blanc, le quintal cy-deuant taxé, fix fols. ——— ⌐—ß 6 ẞ—

    Et pour la nouuelle reapreciation, voyez cy-deffus. ———

Filozelle & Floret de galette de foye, la balle cy-deuant taxée,

    douze liures. ————————————— ⌐ 12 ß—ẞ—

    Et pour la nouuelle reapreciation fix liures. ——— ⌐ 6 ß—ẞ—

Filatrice de Milan, Gennes, & autres, la moitié de ce que payent

    les Taffetas defdits lieux. —————————

    Et pour la nouuelle reapreciation, voyez *Taffetas*. ———

Filatrice de Milan, le quintal cy-deuant taxé, fix liures. ——— ⌐ 6 ß—ẞ—

    Et pour la nouuelle reapreciation, voyez cy-deffus. ———

Fil de leton à faire poignées d'efpées, le quintal cy-deuant taxé,

    trois liures cinq fols. ———————————— ⌐ 3 ß 5 ẞ—

    Et pour la nouuelle reapreciation, vingt-cinq fols. ——— ⌐ 1 ß 5 ẞ—

Fil de liffe de Milan, le quintal cy-deuant taxé, fix liures. ——— ⌐ 6 ß—ẞ—

    Et pour la nouuelle reapreciation, quatre liures. ——— ⌐ 4 ß—ẞ—

Figures d'albaftre, le quintal cy-deuant taxé, trente fols. ——— ⌐ 1 ß 10 ẞ—

    Et pour la nouuelle reapreciation, dix fols. ——— ⌐—ß 10 ẞ—

Flaines de Flandres, la charge de trois quintaux, cy-deuant taxée,

    fept liures. ————————————— ⌐ 7 ß—ẞ—

    Et pour la nouuelle reapreciation, le quintal vingt fols. ⌐ 1 ß—ẞ—

Flaines du pays de Forefts, & autres femblables, la piece cy-de-

    uant taxée, trois fols. ————————— ⌐—ß 3 ẞ—

    Et pour la nouuelle reapreciation, vn fol. ——— ⌐—ß 1 ẞ—

    Et la charge defdites Flaines cy-deuant taxée, cinquante

    fols. ———————————————— ⌐ 2 ß 10 ẞ—

    Et pour la nouuelle reapreciation, feize fols. ——— ⌐—ß 16 ẞ—

                                                  Flaines

Flaines de Normandie, la charge de trois quintaux cy-deuant ta-
     xée, cinq liures. —————————————£ 5 ß—§—
     Et pour la nouuelle reapreciation, le cent, quinze sols. £—ß 15 §—

Flacques, ou Ceintures garnies de passemens d'or & d'argent, la
     douzaine cy-deuant taxée, vingt-sept sols. ———£ 1 ß 7 §—
     Et pour la nouuelle reapreciation, ——————————neant.

Flasques de Milan, la douzaine cy-deuant taxée, treize sols six den.£—ß 13 § 6
     Et pour la nouuelle reapreciation, ————————— neant.

Forces à tondre draps, la piece cy-deuant taxée, trois sols. ——£—ß 3 §—
     Et pour la nouuelle reapreciation, deux sols. ——£—ß 2 §—

Fourreaux d'espées, la charge cy-deuant taxée, onze sols. ——£—ß 11 §—
     Et pour la nouuelle reapreciation, neuf sols. ——£—ß 9 §—

Floret, le quintal cy-deuant taxé, huict liures. ————£ 8 ß—§—
     Et pour la nouuelle reapreciation, voyez *Filatrice*.

Floret teint, la liure cy-deuant taxée, cinq sols trois deniers. ——£—ß 5 § 3
     Et pour la nouuelle reapreciation, deux sols neuf deniers. £—ß 2 § 9

Fonte, le quintal cy-deuant taxé, huict sols. ———£—ß 8 §—
     Et pour la nouuelle reapreciation, deux sols. ——£—ß 2 §—

Franges d'or & d'argent, la liure cy-deuant taxée, trois liures dix-
     huict sols. ——————————————£ 3 ß 18 §—
     Et pour la nouuelle reapreciation, ——————————neant.

Franges de soye, la liure cy-deuant taxée, cinq sols neuf deniers. £—ß 5 § 9
     Et pour la nouuelle reapreciation, quatre sols trois den. £—ß 4 § 3

Frizes d'Angleterre, le fonds n'excedant quatre quintaux, cy-de-
     uant taxez, quatre liures douze sols & six deniers. —£ 4 ß 12 § 6
     Et pour la nouuelle reapreciation, le cent pesant, vingt
     sols. ——————————————£ 1 ß—§—

Frizes doubles de Rouën, le quintal cy-deuant taxé, quarante sols.£ 2 ß—§—
     Et pour la nouuelle reapreciation, quinze sols. ——£—ß 15 §—

Frizes à l'espée & à la clef, la piece cy-deuant taxée, quinze sols. £—ß 15 §—
     Et pour la nouuelle reapreciation, cinq sols. ——£—ß 5 §—

Fustaillle, la balle de charrette cy-deuant taxée, quatre sols six den.£—ß 4 § 6
     Et pour la nouuelle reapreciation, cinq sols six deniers. —£—ß 5 § 6

Fustailles du pays, cy-deuant taxées, deux sols six deniers. ——£—ß 2 § 6
     Et pour la nouuelle reapreciation, deux sols six deniers. —£—ß 2 § 6

Fustaines, & Bombasins de Milan & Cremone, la balle cy-deuant
     taxée, six liures. ————————————£ 6 ß—§—
     Et pour la nouuelle reapreciation, le cent, quarante sols. £ 2 ß—§—

Fustaines de cotton, larges, lauez, la balle cy-deuant taxée, six li-
     ures dix sols. ——————————————£ 6 ß 10 §—
     Et pour la nouuelle reapreciatiõ, le cent pesant, vingt sols.£ 1 ß—§—

Fustaines de Quiers, Piedmont, Chambery, de la Comté de Bour-
     gongne, & autres semblables, la balle cy-deuant taxée,
     quarante sols. ——————————————£ 2 ß—§—

Et

Et pour la nouuelle reapreciation, le cent, dix sols. ———ℓ—ß 10 ß—

Et la piece des susdits Fustaines, cy-deuant taxée, sept sols six deniers le cent. ————————ℓ—ß 7 ß 6

Et pour la nouuelle reapreciation, ———————à proportion.

Fustaine de Vvlme, d'Ausbourg, d'Amasson & Tresfins, la charge cy-deuant taxée, six liures quinze sols. ———ℓ 6 ß 15 ß—

Et pour la nouuelle reapreciation, vingt sols. ———ℓ 1 ß—ß—

Et la piece bombazée de Flandres, sept sols six deniers. ———ℓ—ß 7 ß 6

Et pour la nouuelle reapreciation, deux sols six deniers. ℓ—ß 2 ß 6

Fustaine de Belle-ville, & autres, la balle cy-deuant taxée, quinze sols. ————————ℓ—ß 15 ß—

Et pour la nouuelle reapreciation, cinq sols le cent. ——ℓ—ß 5 ß—

Feuilles doubles de fer blanc, le cent cy-deuant taxé, onze sols. —ℓ—ß 11 ß—

Et pour la nouuelle reapreciation, neuf sols. ———ℓ—ß. 9 ß—

Feuilles simples de fer blanc, cy-deuant taxées, cinq sols six den. ℓ—ß 5 ß 6

Et pour la nouuelle reapreciation, quatre sols six deniers. ℓ—ß 4 ß 6

Fourmages de toutes sortes, le quintal pour tous droicts, quinze sols ℓ—ß 15 ß—

Espiceries & Drogueries.

G

G Albanum, le quintal cy-deuant taxé, treize sols trois deniers. ℓ—ß 13 ß 3

Et pour la nouuelle reapreciation, quatorze sols neuf den. ℓ—ß 14 ß 9

Pour les quatre pour cent cy-deuant taxez, quarante sols. ℓ 2 ß—ß—

Et pour la nouuelle reapreciation, quinze sols. ———ℓ—ß 15 ß—

Galles, tant grosses que moyennes, le quintal cy-deuant taxé, *ou galles d'Épines* treize sols trois deniers. ————————ℓ—ß 13 ß 3

Et pour la nouuelle reapreciation, deux sols neuf deniers. ℓ—ß 2 ß 9

Pour les quatre pour cent cy-deuant taxez, dix sols. ——ℓ—ß 10 ß—

Et pour la nouuelle reapreciation, quatorze sols. ——ℓ—ß 14 ß—

Galles legeres de France, le quintal cy-deuant taxé, deux sols six deniers. ————————ℓ—ß 2 ß 6

Et pour la nouuelle reapreciation, vn sol trois deniers. —ℓ—ß 1 ß 3

Galles legeres Estrangeres, le quintal cy-deuant taxé, trois sols neuf deniers. ————————ℓ—ß 3 ß 9

Et pour la nouuelle reapreciation, trois sols neuf deniers. ℓ—ß 3 ß 9

Pour les quatre pour cent cy-deuant taxez, cinq sols. ——ℓ—ß 5 ß—

Et pour la nouuelle reapreciation, vn sol. ———ℓ—ß 1 ß—

Galangal fin, le quintal cy-deuant taxé, trois liures deux sols six deniers. ————————ℓ 3 ß 2 ß 6

Et

    Et pour la nouuelle reapreciation, —————————————— neant.

    Pour les quatre pour cent cy-deuant taxez, huict liures. ℒ 8 ß— ẟ—

    Et pour la nouuelle reapreciation, ————————————————neant.

Galonga fauuage, le quintal cy deuant taxé, trente-vn fol trois

    deniers. ——————————————————————ℒ 1 ß 11 ẟ 3

    Et pour la nouuelle reapreciation, ————————————neant.

    Pour les quatre pour cent cy-deuant taxez, quatre liures. ℒ 4 ß— ẟ—

    Et pour la nouuelle reapreciation, ————————————neant.

Garance, le quintal cy-deuant taxé, fept fols. ——————ℒ— ß 7 ẟ—

    Et pour la nouuelle reapreciation, dix fols fix deniers. —ℒ— ß 10 ẟ 6

    Pour les quatre pour cent cy-deuant taxez, deux fols

    huict deniers. ————————————————ℒ— ß 2 ẟ 8

    Et pour la nouuelle reapreciation, vingt-cinq fols quatre

    deniers. ——————————————————ℒ 1 ß 5 ẟ 4

Galipot, ou Garibot, ou gros Encens, le quintal cy-deuant taxé,

    deux fols quatre deniers. —————————————ℒ— ß 2 ẟ 4

    Et pour la nouuelle reapreciation, cinq fols. ———ℒ— ß 5 ẟ—

    Pour les quatre pour cent cy-deuant taxez, trois fols

    quatre deniers. ————————————————ℒ— ß 3 ẟ 4

    Et pour la nouuelle reapreciation, huict fols huict deniers. ℒ— ß 8 ẟ 8

Gayat, le quintal cy-deuant taxé, trois fols neuf deniers. ——ℒ— ß 3 ẟ 9

    Et pour la nouuelle reapreciation, neuf deniers. ——ℒ— ß— ẟ 9

    Pour les quatre pour cent cy-deuant taxez, deux fols. —ℒ— ß 2 ẟ—

    Et pour la nouuelle reapreciation, trois fols. ——ℒ— ß 3 ẟ—

Gingembre, le quintal cy-deuant taxé, trois liures deux fols fix den. ℒ 3 ß 2 ẟ 6

    Et pour la nouuelle reapreciation, ——————————neant.

    Pour les quatre pour cent cy-deuant taxez, fix liures. —ℒ 6 ß— ẟ—

    Et pour la nouuelle reapreciation, ————————————— neant.

Gingembre, & Poyure en pouffiere, le quintal cy-deuant taxé,

    vingt-neuf fols trois deniers. ———————————ℒ 1 ß 9 ẟ 3

    Et pour la nouuelle reapreciation, ——————————neant.

    Pour les quatre pour cent cy-deuant taxez, trois liures. ℒ 3 ß— ẟ—

    Et pour la nouuelle reapreciation, —————————neant.

Gerofle, le quintal cy-deuant taxé, trois liures douze fols fix den. ℒ 3 ß 12 ẟ 6

    Et pour la nouuelle reapreciation, huict liures fept fols

    fix deniers. ——————————————————ℒ 8 ß 7 ẟ 6

    Pour les quatre pour cent cy-deuant taxez, fix liures. —ℒ 6 ß— ẟ—

    Et pour la nouuelle reapreciation, douze liures. ——ℒ 12 ß— ẟ—

Glus, le quintal cy-deuant taxé, trois fols neuf deniers. ——ℒ— ß 3 ẟ 9

    Et pour la nouuelle reapreciation, fix fols trois deniers. ℒ— ß 6 ẟ 3

    Pour les quatre pour cent cy-deuant taxez, cinq fols. —ℒ— ß 5 ẟ—

    Et pour la nouuelle reapreciation, onze fols. ———ℒ— ß 11 ẟ—

Gomme lacque, le quintal cy-deuant taxé, trente fols fix deniers. ℒ 1 ß 10 ẟ 6

    Et pour la nouuelle reapreciation, quatre fols fix deniers. ℒ— ß 4 ẟ 6

Grabot defenne 29 ...   K   Pour

Gomme de Pays 6.ʃ 3

Pour les quatre pour cent cy-deuãt taxez, tréte-deux ʃols. ℓ 1 ß 12 ſ —
Et pour la nouuelle reapreciation, quatorze ʃols. —— ℓ — ß 14 ſ —
Gomme Arabicque, le quintal cy-deuant taxé, ʃix ʃols quatre den. ℓ — ß 6 ſ 4
ou turquie 9. Et pour la nouuelle reapreciation, deux ʃols huiɕt deniers. ℓ — ß 2 ſ 8
Pour les quatre pour cent cy-deuant taxez, ʃix ʃols huiɕt
deniers. —————— ℓ — ß 6 ſ 8
Et pour la nouuelle reapreciation, huiɕt ʃols quatre den. ℓ — ß 8 ſ 4
Gomme Armoniac, le quintal cy-deuant taxé, trente ʃols ʃix den. ℓ 1 ß 10 ſ 6
Et pour la nouuelle reapreciation, ʃept ʃols. —— ℓ — ß 7 ſ —
Pour les quatre pour cent cy-deuant taxez, trente ʃols. ℓ 1 ß 10 ſ —
Et pour la nouuelle reapreciation, trente ʃols. —— ℓ 1 ß 10 ſ —
Gomme Adragant, le quintal cy-deuant taxé, quarante-deux ʃols
neuf deniers. —————— ℓ 2 ß 2 ſ 9
Et pour la nouuelle reapreciation, —————— neant.
Pour les quatre pour cent cy-deuant taxez, vingt ʃols. ℓ 1 ß — ſ —
Et pour la nouuelle reapreciation, quatre ʃols. —— ℓ — ß 4 ſ —
Gomme hederic, le quintal cy-deuant taxé, vingt ʃols. —— ℓ 1 ß — ſ —
Et pour la nouuelle reapreciation, quarante ʃols. —— ℓ 2 ß — ſ —
Pour les quatre pour cent cy-deuant taxez, vingt-neuf
ʃols trois deniers. —————— ℓ 1 ß 9 ſ 3
Et pour la nouuelle reapreciation, —————— neant.
Gomme Sagapenum, le quintal cy-deuant taxé, trois liures deux
ʃols ʃix deniers. —————— ℓ 3 ß 2 ſ 6
Et pour la nouuelle reapreciation, —————— neant.
Pour les quatre pour cent cy-deuant taxez, quatre liures. ℓ 4 ß — ſ —
Et pour la nouuelle reapreciation, —————— neant.
Gomme de pays, le quintal cy-deuant taxé, ʃix ʃols trois deniers. ℓ — ß 6 ſ 3
Et pour la nouuelle reapreciation, —————— neant.
Grabeaux de geroʃle rompus, le quintal cy-deuant taxé, quarante
ʃept ʃols ʃix deniers. —————— ℓ 2 ß 7 ſ 6
Et pour la nouuelle reapreciation, deux ʃols ʃix deniers. ℓ — ß 2 ſ 6
Pour les quatre pour cent cy-deuant taxez, trois liures. ℓ 3 ß — ſ —
Et pour la nouuelle reapreciation, vingt ʃols. —— ℓ 1 ß — ſ —
Graine d'eʃcarlatte de France, le quintal cy-deuant taxé, trois liur. ℓ 3 ß — ſ —
Et pour la nouuelle reapreciation, trois liures cinq ʃols. ℓ 3 ß 5 ſ —
Graine d'eʃcarlatte, ou Cochenille eʃtrangere, pour tous droiɕts,
le quintal cy-deuant taxé, dix liures. —— ℓ 10 ß — ſ —
Et pour la nouuelle reapreciation, trois liures. —— ℓ 3 ß — ſ —
Graine de mouʃtarde, le quintal cy-deuant taxé, trois ʃols. —— ℓ — ß 3 ſ —
Et pour la nouuelle reapreciation, vn ʃol. —— ℓ — ß 1 ſ —
Graine, ou ʃemence de ʃoye, la liure cy-deuant taxée, dix ʃols. ℓ — ß 10 ſ —
Et pour la nouuelle reapreciation, —————— neant.
Graine de Paʃtel d'eʃcarlatte, le quintal cy-deuant taxé, ʃix liures. ℓ 6 ß — ſ —
Et pour la nouuelle reapreciation, quatre liures. —— ℓ 4 ß — ſ —

Graine de ʃaurier Le quintal cy . — —— ſ 9 **Graine.**

Graine de corne de Cerf, le quintal cy-deuant taxé , trois sols. —£—ß 3 ß—

    Et pour la nouuelle reapreciation, sept sols. —£—ß 7 ß—

Graine jaune , le quintal cy-deuant taxé , sept sols. —£—ß 7 ß—

    Et pour la nouuelle reapreciation , deux sols. —£—ß 2 ß—

Graine de perroquet, aliàs, Carcomy, le quintal cy-deuant taxé,

    trois sols six deniers. —£—ß 3 ß 6

    Et pour la nouuelle reapreciation , deux sols. —£—ß 2 ß—

    Pour les quatre pour cent cy-deuant taxez , dix sols. —£—ß 10 ß—

    Et pour la nouuelle reapreciation , deux sols. —£—ß 2 ß—

Graines de jardins, & autres , le quintal cy-deuant taxé, deux sols

    six deniers. —£—ß 2 ß 6

    Et pour la nouuelle reapreciation , cinq sols. —£—ß 5 ß—

Graine de jardin, le quintal cy-deuant taxé, trois sols neuf deniers. £—ß 3 ß 9

    Et pour la nouuelle reapreciation, voyez cy-deſſus. —

Graine de Paradis, ou Maniguette, le quintal cy-deuant taxé, qua-

ou Piment   rante-huiĉt sols. —£ 2 ß 8 ß—

    Et pour la nouuelle reapreciation , —neant.

    Pour les quatre pour cent cy-deuant taxez , trente-deux

    sols. —£ 1 ß 12 ß—

    Et pour la nouuelle reapreciation , —neant.

Grauelée , le quintal cy-deuant taxé , deux sols six deniers. —£—ß 2 ß 6

    Et pour la nouuelle reapreciation , —neant.

Graine de tonneau, le quintal cy-deuant taxé, deux sols six deniers. £—ß 2 ß 6

    Et pour la nouuelle reapreciation, vn sol. —£—ß 1 ß—

Grenats ou Citrons eſtraints, la liure cy-deuant taxée, vn sol. —£—ß 1 ß—

    Et pour la nouuelle reapreciation , huiĉt deniers. —£—ß—ß 8

    Le quintal cy-deuant taxé, cinq liures. —£ 5 ß—ß—

    Et pour la nouuelle reapreciation , trente sols. —£ 1 ß 10 ß—

Guinée, le quintal cy-deuant taxé, trois liures deux sols six deniers. £ 3 ß 2 ß 6

    Et pour la nouuelle reapreciation , —neant.

    Pour les quatre pour cent cy-deuant taxez, six liures. —£ 6 ß—ß—

    Et pour la nouuelle reapreciation , —neant.

Gonde-gambe, le quintal cy-deuant taxé, trois liures deux sols six

    deniers. —£ 3 ß 2 ß 6

    Et pour la nouuelle reapreciation, —neant.

    Pour les quatre pour cent cy-deuant taxez, quatre liures. £ 4 ß—ß—

    Et pour la nouuelle reapreciation, —neant.

Gomme Elemy, & Gomme Carague , le quintal cy-deuant taxé,

    vne liure dix sols six deniers. —£ 1 ß 10 ß 6

    Et pour la nouuelle reapreciation , —neant.

    Pour les quatre pour cent cy-deuant taxez , vne liure dix

    sols. —£ 1 ß 10 ß—

    Et pour la nouuelle reapreciation , vingt-six sols. —£ 1 ß 6 ß—

Grenades, le cent en nombre, six sols. —£—ß 6 ß—

Graines de Auzerne le {o}/{o} a 8 ſ 9 ɔ

Graines de Canarry idem

Marchandises.

Gans de cuir, ouurez de foye, la douzaine cy-deuãt taxée, cinq fols. ₶— ß 5 ℔ —

    Et pour la nouuelle reapreciation, deux fols fix deniers. ₶— ß 2 ℔ 6

Gans parfumez d'Efpagne, la douzaine cy-deuant taxée, dix fols. ₶— ß 10 ℔ —

    Et pour la nouuelle reapreciation, cinq fols. ———— ₶— ß 5 ℔ —

Gans de Rome, la douzaine cy-deuant taxée, cinq fols. ——— ₶— ß 5 ℔ —

    Et pour la nouuelle reapreciation, deux deniers. ——— ₶— ß — ℔ 2

Gaze auec or, la liure cy-deuant taxée, cinquante-fix fols. ——— ₶ 2 ß 16 ℔ —

    Et pour la nouuelle reapreciation, quatorze fols. ——— ₶— ß 14 ℔ —

Gaze fans or, la liure cy-deuant taxée, trente-fix fols. ——— ₶ 1 ß 16 ℔ —

    Et pour la nouuelle reapreciation, huiÆt fols. ——— ₶— ß 8 ℔ —

Gaze auec or faux, & tocque fauffe, la liure cy-deuant taxée, douze fols. ————————————— ₶— ß 12 ℔ —

    Et pour la nouuelle reapreciation, quatre fols. ——— ₶— ß 4 ℔ —

Grillets, le quintal cy-deuant taxé, huiÆt fols. ——— ₶— ß 8 ℔ —

    Et pour la nouuelle reapreciation, fix fols. ——— ₶— ß 6 ℔ —

Gros cuirs de Bœuf, Vache ou Braue, accouftrez, le quintal cy-
deuant taxé, quatre fols. ———————— ₶— ß 4 ℔ —

    Et pour la nouuelle reapreciation, de chacune piece, trois
fols. ———————————————— ₶— ß 3 ℔ —

    La charge de Mulet cy-deuant taxée, quatorze fols. —₶— ß 14 ℔ —

    Et pour la nouuelle reapreciation, la piece trois fols. —₶— ß 3 ℔ —

Gros cuirs de Bœuf ou Vache, tanez, la piece cy-deuant taxée,
vn fol fix deniers. ———————————— ₶— ß 1 ℔ 6

    Et pour la nouuelle reapreciation, trois fols. ——— ₶— ß 3 ℔ —

Groffes forces à tondre draps, la piece cy-deuant taxée, trois fols. ₶— ß 3 ℔ —

    Et pour la nouuelle reapreciation, deux fols. ——— ₶— ß 2 ℔ —

Guifes de fer, la piece pefant vn millier cy-deuant taxée, huiÆt fols. ₶— ß 8 ℔ —

    Et pour la nouuelle reapreciation, le cent, fix deniers. —₶— ß — ℔ 6

    L'Eftranger cy-deuant taxé, treize fols. ——— ₶— ß 13 ℔ —

    Et pour la nouuelle reapreciation, le cent, vn fol. ——— ₶— ß 1 ℔ —

Glans de Venife, Point couppé de Gennes, & autres ouurages de
fil d'Italie, la liure payera quatre liures. ——— ₶ 4 ß — ℔ —

Efpiceries & Drogueries.

H

Hermodattes, le quintal cy-deuãt taxé, trente-deux fols fix den. ₶ 1 ß 12 ℔ 6

    Et pour la nouuelle reapreciation, ——————— neant.

    Pour les quatre pour cent cy-deuant taxez, quatre fols. —₶— ß 4 ℔ —

                            Et

Pour les quatre pour cent cy-deuant taxez, quatre ſols. £—ß 4 §—

Et pour la nouuelle reapreciation, douze ſols. ———— £—ß 12 §—

Huile d'Aſpic de France, le quintal cy-deuant taxé, vingt ſols. £ 1 ß—§—

Et pour la nouuelle reapreciation, douze ſols. ———— £—ß 12 §—

Huile d'Aſpic eſtranger, le quintal cy-deuãt taxé, trente-cinq ſols. £ 1 ß 15 §—

Et pour la nouuelle reapreciation, deux ſols ſix deniers. £—ß 2 § 6

Pour les quatre pour cent cy-deuant taxez, trente ſols. —£ 1 ß 10 §—

Et pour la nouuelle reapreciation, trente ſols. ———— £ 1 ß 10 §—

Huile de Cadde, le quintal cy-deuant taxé, dix ſols. ———— £—ß 10 §—

Et pour la nouuelle reapreciation, ———————————————— neant.

Huile de Laurin, le quintal cy deuant taxé, quinze ſols. ——— £—ß 15 §—

Et pour la nouuelle reapreciation, ———————————————— neant.

Huile de Petrolle, le quintal cy-deuant taxé, trente ſols ſix
    deniers. ——————————————————— £ 1 ß 10 § 6

Et pour la nouuelle reapreciation, ſix ſols ſix deniers. —£—ß 6 § 6

Pour les quatre pour cent cy-deuant taxez, quarante ſols. £ 2 ß—§—

Et pour la nouuelle reapreciation, dix ſols. ——— £—ß 10 §—

Huile de Poiſſon, le quintal cy-deuant taxé, dix ſols. ——— £—ß 10 §—

Et pour la nouuelle reapreciation, deux ſols ſix deniers. £—ß 2 § 6

Huile de pommade, le quintal cy-deuant taxé, ſept ſols ſix deniers. £—ß 7 § 6

Et pour la nouuelle reapreciation, deux ſols ſix deniers. £—ß 2 § 6

Huile d'Aſpic de Prouence, la bouteille payera vingt ſols. —£ 1 ß—§—

Et pour la nouuelle reapreciation, voyez cy-deſſus. ——

Huile de Roſmarin, & autre eſſence, le quintal cy-deuant taxé,
    quatre liures dix ſols. ——————————— £ 4 ß 10 §—

Et pour la nouuelle reapreciation, ———————————— neant.

Huile d'Olif d'Eſpagne, ou autres pays eſtrangers, la pippe pour
    tous droicts, ſix liures. ———————— £ 6 ß—§—

Et le quintal, dix ſols. ————————— £—ß 10 §—

Marchandiſes.

Hallecret doré, la piece cy-deuant taxée, trente-deux ſols ſix den. £ 1 ß 12 § 6

Et pour la nouuelle reapreciation, voyez cy-deuant. —

Harnois de cuir couuerts de velours, pour cheual, cy-deuant ta-
    xez, douze ſols ſix deniers. ——————— £—ß 12 § 6

Et pour la nouuelle reapreciation, ———————— idem.

Harnois, ou garnimens couuerts de velours, garnis de paſſement,
    fil d'or ou d'argent, cy-deuant taxez, vingt-cinq ſols. £ 1 ß 5 §—

Et pour la nouuelle reapreciation, ———————— idem.

Harnois blancs d'hommes garnis auec or, cy-deuant taxez, tren-
    te-deux ſols ſix deniers. ——————— £ 1 ß 12 § 6

Et pour la nouuelle reapreciation, ———————— idem.

L   Harnois

Harnois blancs simples pour homme de pied, cy-deuant taxez,
    sept sols six deniers. ———————————— £— ß 7 ß 6
    Et pour la nouuelle reapreciation, ——————— idem.
Harnois graué pour homme de pied, cy-deuant taxé, douze sols
    six deniers. ———————————— £— ß 12 ß 6
    Et pour la nouuelle reapreciation, ——————— idem.
Harnois d'hommes d'armes dorez, blancs ou noirs, ou legers, cy-
    deuant taxez, trois liures cinq sols. ————— £ 3 ß 5 ß
    Et pour la nouuelle reapreciation, ——————— idem.
Harnois à l'espreuue, ou corcelets à l'espreuue, trente-deux sols
    six deniers. ———————————— £ 1 ß 12 ß 6
    Et pour la nouuelle reapreciation, ——————— idem.
Herbe de marroquin, le quintal cy-deuant taxé, cinq sols. —— £— ß 5 ß—
    Et pour la nouuelle reapreciation, trois sols. —— £— ß 3 ß—
Houlles de cuiure, cloches, campanes, grilles, & autre metal de
    fonte en œuvre, le quintal cy-deuant taxé, huict sols. £— ß 8 ß—
    Et pour la nouuelle reapreciation, douze sols. —— £— ß 12 ß—
Houlles de fer, le quintal cy-deuant taxé, deux sols. ——— £— ß 2 ß—
    Et pour la nouuelle reapreciation, vn sol. ——— £— ß 1 ß—
Hauffecol graué & doré de France, la piece cy-deuant taxée,
    cinq sols. ———————————— £— ß 5 ß—
    Et pour la nouuelle reapreciation, voyez *Armes*.
Huile d'olif de France, la pippe pour tous droicts, trois liures. —£ 3 ß— ß—
Huile de noix de France, le cent pesant, huict sols. ——— £— ß 8 ß—
Huile de lin, nauette, ou graisse de Baleine, le cent pesant, six fols. £— ß 6 ß—
Harangs de toutes sortes, le millier, dix sols. ———— £— ß 10 ß—

Espiceries & Drogueries.

I

IAyet lys & brut, la charge cy-deuant taxée, vingt-quatre sols. £ 1 ß 4 ß—
    Et pour la nouuelle reapreciation, ——————— neant.
Iris, le quintal cy-deuant taxé, quatre sols trois deniers. —— £— ß 4 ß 3
    Et pour la nouuelle reapreciation, trois sols neuf deniers. £— ß 3 ß 9
    Pour les quatre pour cent cy-deuant taxez, quatre sols. £— ß 4 ß—
    Et pour la nouuelle reapreciation, six sols. ——— £— ß 6 ß—
Iuiubes, le quintal cy-deuant taxé, trois sols neuf deniers. —— £— ß 3 ß 9
    Et pour la nouuelle reapreciation, vn sol trois deniers. —£— ß 1 ß 3
    Pour les quatre pour cent cy-deuant taxez, deux sols. —£— ß 2 ß—
    Et pour la nouuelle reapreciation, cinq sols. ——— £— ß 5 ß—
Iuoire, ou dents d'Elephant, le quintal cy-deuant taxé, trente sols. £ 1 ß 10 ß—
    Et pour la nouuelle reapreciation, ——————— neant.
Ius de limon, le quintal cy-deuant taxé, dix sols. ———— £— ß 10 ß—
                                      Et

Et pour la nouuelle reapreciation, deux fols fix deniers. —₤—ß 2 § 6
Ius de reglisse, le quintal cy-deuant taxé, dix fols. ——₤—ß 10 §—
    Et pour la nouuelle reapreciation, deux fols. ——₤—ß 2 §—
    Pour les quatre pour cent cy-deuant taxez, huict fols. —₤—ß 8 §—
    Et pour la nouuelle reapreciation, huict fols. —₤—ß 8 §—
Ipoquiftidos, le quintal cy-deuant taxé, cinq fols. ——₤—ß 5 §—
    Et pour la nouuelle reapreciation, dix fols. ——₤—ß 10 §—
Inde, pour tous droicts, le quintal payera fept liures deux fols fix
    deniers. ——————————₤ 7 ß 2 § 6
    Et pour la nouuelle reapreciation, cinq liures. —₤ 5 ß—§—
Ialap, le quintal cy-deuant taxé, trois liures. ——₤ 3 ß—§—
    Et pour la nouuelle reapreciation, ————————neant.
    Pour les quatre pour cent cy-deuant taxez, douze liures.₤ 12 ß—§—
    Et pour la nouuelle reapreciation, ————————neant.

Jacinthe ou fragment le Cent - - - - 3₶
Indigot le Cent a **Marchandifes.** *12: 2:6:*

Images de France, le quintal cy-deuant taxé, huict fols neuf den.₤—ß 8 § 9
    Et pour la nouuelle reapreciation, dix fols. ——₤—ß 10 §—
Images Eftrangeres peintes fur toile ou bois, le quintal cy-deuant
    taxé, dix-fept fols fix deniers. ————₤—ß 17 § 6
    Et pour la nouuelle reapreciation, douze fols fix deniers.₤—ß 12 § 6
Images en taille douce. ————————— idem.
    Et pour la nouuelle reapreciation, deux fols. ——₤—ß 2 §—
Images ou peintures en toille, le quintal cy-deuät taxé, quinze fols.₤—ß 15 §—
    Et pour la nouuelle reapreciation, douze fols fix deniers.₤—ß 12 § 6

Efpiceries & Drogueries.

L

LAdanum, le quintal cy-deuant taxé, trente-deux fols fix den.₤ 1 ß 12 § 6
    Et pour la nouuelle reapreciation, ————————neant.
    Pour les quatre pour cent cy-deuant taxez, quarante fols.₤ 2 ß—§—
    Et pour la nouuelle reapreciation, ————————neant.
Lacque de Venife, le quintal cy-deuant taxé, fept liures deux fols
    fix deniers. ——————————₤ 7 ß 2 § 6
    Et pour la nouuelle reapreciation, deux liures dix-fept
    fols fix deniers. ——————————₤ 2 ß 17 § 6
    Pour les quatre pour cent cy-deuant taxez, dix liures. —₤ 10 ß—§—
    Et pour la nouuelle reapreciation, quatre liures. ——₤—ß 4 §—
Lacque ronde, le quintal cy-deuant taxé, trois liures deux fols fix
    deniers. ——————————₤ 3 ß 2 § 6
Et

Et pour la nouuelle reapreciation, ——————————————————neant.
Pour les quatre pour cent cy-deuant taxez , cinq liures. ℒ 5 ß—ℑ—
Et pour la nouuelle reapreciation, ——————————————neant.
Lignum aloës, le quintal cy-deuant taxé , trois liures deux sols six
    deniers. ——————————————————ℒ 3 ß 2 ℑ 6
    Et pour la nouuelle reapreciation, douze sols six deniers. ℒ—ß 12 ℑ 6
    Pour les quatre pour cent cy-deuant taxez , quatre liures. ℒ 4 ß—ℑ—
    Et pour la nouuelle reapreciation , quarante sols. ——ℒ 2 ß—ℑ—
Lignum sanctum, le quintal cy-deuant taxé, trois sols neuf deniers. ℒ—ß 3 ℑ 9
    Et pour la nouuelle reapreciation, ——————————— neant.
    Pour les quatre pour cent cy-deuant taxez, deux sols. —ℒ—ß 2 ℑ—
    Et pour la nouuelle reapreciation, quatre sols. ———— ℒ—ß 4 ℑ—
Litargue , le quintal cy-deuant taxé , trois sols neuf deniers. ——ℒ—ß 3 ℑ 9
    Et pour la nouuelle reapreciation, ——————————— neant.
    Pour les quatre pour cent cy- deuant taxez, quatre sols. —ℒ—ß 4 ℑ—
    Et pour la nouuelle reapreciation , deux sols. ————ℒ—ß 2 ℑ—
Lapis Bezoüard , la liure cy-deuant taxée, onze liures. ———ℒ 11 ß—ℑ—
    Et pour la nouuelle reapreciation , ———————————— neant.
Lapis Lazully, le quintal cy-deuant taxé, quarante sols. ——ℒ 2 ß—ℑ—
    Et pour la nouuelle reapreciation , trois liures cinq sols. ℒ 3 ß 5 ℑ—
Lapis Lazullis , le quintal cy-deuant taxé , douze sols. ———ℒ—ß 12 ℑ—
    Et pour la nouuelle reapreciation, ——————————— neant.

Marchandises.

Landiers de fer , la piece cy-deuant taxée, vn sol. ——————ℒ—ß 1 ℑ—
    Et pour la nouuelle reapreciation , vn sol. ————ℒ—ß 1 ℑ—
Laines d'Angleterre, le quintal cy-deuant taxé, trente-cinq sols. ℒ 1 ß 15 ℑ—
    Et pour la nouuelle reapreciation , vingt sols. ————ℒ 1 ß—ℑ—
Laines de Languedoc, Prouence & Dauphiné, blanches & lauées,
    la balle cy-deuant taxée, dix-huict sols. ———ℒ—ß 18 ℑ—
    Et pour la nouuelle reapreciation , le cent, neuf sols. —ℒ—ß 9 ℑ—
Laines Estrangeres , blanches & lauées , la balle cy-deuant taxée,
    vingt-sept sols. ——————————————ℒ 1 ß 7 ℑ—
    Et pour la nouuelle reapreciation , le cent, vingt sols. —ℒ 1 ß—ℑ—
Laines teintes, ou perses de Languedoc & Auuergne, la balle n'ex-
    cedant deux quintaux, cy-deuant taxez , vingt-quatre
    sols. ——————————————ℒ 1 ß 4 ℑ—
    Et pour la nouuelle reapreciation, le cent, dix sols. ——ℒ—ß 10 ℑ—
Laines noires & surges de France, la balle cy-deuant taxée, sept
    sols six deniers. ——————————————ℒ—ß 7 ℑ 6
    Et pour la nouuelle reapreciation, le cent , cinq sols. —ℒ—ß 5 ℑ—

Laines

Laines, ou aignel, surges estrangeres, la balle cy-deuant taxée, douze sols six deniers. ————————— £—ß 12 ß 6

Et pour la nouuelle reapreciation, le cent, six sols. ——— £——ß 6 ß—

Laines filées fines d'Amiens, le quintal cy-deuant taxé, vingt-cinq sols. ———————————— £ 1 ß 5 ß—

Et pour la nouuelle reapreciation, le cent, vingt sols. — £ 1 ß — ß—

Laine pelade, la balle cy-deuant taxée, sept sols six deniers. ——— £—ß 7 ß 6

Et pour la nouuelle reapreciation, le cent pesant, trois sols. £—ß 3 ß—

Lames d'Espées estrangeres, la douzaine cy-deuant taxée, trois sols trois deniers. —————————— £—ß 3 ß 3

Et pour la nouuelle reapreciation, voyez *Allemelles*, vn sol. £—ß 1 ß— 4

Lames d'Espées du Royaume, la douzaine cy-deuant taxée, deux sols. ———————————— £—ß 2 ß—

Et pour la nouuelle reapreciation, vn sol quatre deniers. £—ß 1 ß 4

Lames de dagues estrangeres, la douzaine cy-deuant taxée, vn sol six deniers. ——————————— £—ß 1 ß 6

Et pour la nouuelle reapreciation, ———————————— Idem.

Librairie d'Alemagne, le quintal cy-deuant taxé, sept sols six den. £—ß 7 ß 6

Et pour la nouuelle reapreciation, le cent, cinq sols. —£—ß 5 ß—

Licie, la charge cy-deuant taxée, quatre sols. ———— £—ß 4 ß—

Et pour la nouuelle reapreciation, le cent, deux sols. —£—ß 2 ß—

Liege, la balle cy-deuant taxée, deux sols. —————— £—ß 2 ß—

Et pour la nouuelle reapreciation, le cent, deux sols. —£—ß 2 ß—

Liege contenant vn millier, la charge cy-deuant taxée, quatre sols trois deniers. —————————— £—ß 4 ß 3

Et pour la nouuelle reapreciation, ——————— à proportion.

Lignette à faire moureaux, la balle cy deuant taxée, huict sols. —£—ß 8 ß—

Et pour la nouuelle reapreciation, vn sol. ———— £—ß 1 ß—

Limailles de cuiure & d'espingles estrangeres, le quintal cy-deuant taxé, cinq sols. ——————— £—ß 5 ß—

Et pour la nouuelle reapreciation, trois sols. ——— £—ß 3 ß—

Limailles d'espingles estrangeres, le quintal cy-deuant taxé, huict sols. ——————————— £—ß 8 ß—

Et pour la nouuelle reapreciation, ———————— neant.

Limailles de fer, le quintal cy-deuant taxé, deux sols. ——— £—ß 2 ß—

Et pour la nouuelle reapreciation, vn sol. ——— £—ß 1 ß—

Lin peigné, le quintal cy-deuant taxé, sept sols six deniers. —— £—ß 7 ß 6

Et pour la nouuelle reapreciation, cinq sols. ——— £—ß 5 ß—

Lin crud, le quintal cy-deuant taxé, trois sols six deniers. —— £—ß 3 ß 6

Et pour la nouuelle reapreciation, vn sol six deniers. —£—ß 1 ß 6

Lin estranger cy-deuant taxé, douze sols six deniers. ——— £—ß 12 ß 6

Et pour la nouuelle reapreciation, cinq sols. ——— £—ß 5 ß—

Linceuls blancs ou roux vieux, la douzaine cy-deuant taxée, quatre sols. ——————————— £—ß 4 ß—

M

Et

Et pour la nouuelle reapreciation, quatre fols. ——— £—ß 4 ₰—
Liſſes, comme mercerie de Milan, cy-deuant taxé, deux fols. —£—ß 2 ₰—
Et pour la nouuelle reapreciation, voyez *Mercerie*. ———

2.ˡ.ᵉ. ͦ͞ₒ
a la Marque

Liures de France, le quintal lourd, cy-deuant taxé, quatre fols. —£—ß 4 ₰—
Et pour la nouuelle reapreciation, deux fols. ——— £—ß 2 ₰—
Liures Eſtrangers, la charge de trois quintaux, cy-deuant taxez,

3.ˡ.6.ᵈ.ˢ Les Eſtrangers
ſans Marque ₍7 6.ˡ.₎

vingt-ſix fols trois deniers. ——— £ 1 ß 6 ₰ 3
Et pour la nouuelle reapreciation, le cent, trois fols. —£—ß 3 ₰—
Le quintal, s'il paye poids de Ville, cy-deuant taxé, ſept
fols ſix deniers. ——— £—ß 7 ₰ 6
Et pour la nouuelle reapreciation, ———————à l'équipolent.
Lettres d'Imprimerie, le quintal cy-deuant taxé, huiĉt fols. ——£—ß 8 ₰—
Et pour la nouuelle reapreciation, huiĉt fols. ——£—ß 8 ₰—
Liures du Royaume, la charge de trois quintaux, cy-deuant taxez,
douze fols. ——— £—ß 12 ₰—
Et pour la nouuelle reapreciation, du cent peſant, deux
fols. ——— £—ß 2 ₰—
Liures reliez de Paris, le quintal cy-deuant taxé, trente fols. ——£ 1 ß 10 ₰—
Et pour la nouuelle reapreciation, dix fols. ——— £—ß 10 ₰—
Liures vieux, le quintal cy-deuant taxé, deux fols. ——£—ß 2 ₰—
Et pour la nouuelle reapreciation, deux fols. ——— £—ß 2 ₰—
Liſieres de drap, le quintal cy-deuant taxé, huiĉt fols. ——£—ß 8 ₰—
Et pour la nouuelle reapreciation, deux fols. ——£—ß 2 ₰—
Liĉts de ſarge imprimez, & autres de ſarge, cy-deuant taxez, dou-
ze fols ſix deniers. ——— £—ß 12 ₰ 6
Et pour la nouuelle reapreciation, le cent peſant, cinq fols. £—ß 5 ₰—
Liĉts de Razoir, la piece cy-deuant taxée, ſept fols ſix deniers. —£—ß 7 ₰ 6
Et pour la nouuelle reapreciation, deux fols ſix deniers. £—ß 2 ₰ 6
Ligature ſans ſoye, la piece cy-deuant taxée, quatre fols ſix deniers. £—ß 4 ₰ 6
Et pour la nouuelle reapreciation, trois fols. ——— £—ß 3 ₰—
Ligature auec ſoye, la piece cy-deuant taxée, dix fols. ——— £—ß 10 ₰—
Et pour la nouuelle reapreciation, dix fols. ——— £—ß 10 ₰—
Louppes, la tonnette cy-deuant taxée, cinq fols. ——£—ß 5 ₰—
Et pour la nouuelle reapreciation, vn fol ſix deniers. —£—ß 1 ₰ 6
Louppes, le quintal cy-deuant taxé, quinze fols. ——— £—ß 15 ₰—
Et pour la nouuelle reapreciation, ———————à l'équipolent.
Lotton, le quintal cy-deuant taxé, huiĉt fols. ——— £—ß 8 ₰—
Et pour la nouuelle reapreciation, douze fols. ——— £—ß 12 ₰—
Luths, & autres inſtrumens, la quaiſſe cy-deuant taxée, vingt fols. £ 1 ß— ₰—
Et pour la nouuelle reapreciation, cinq fols. ——— £—ß 5 ₰—
Lingeries de toutes ſortes de Flandres, ou d'ailleurs, excepté paſ-
ſemens, dentelles & points couppez, la liure, quatre
fols. ——— £—ß 4 ₰—
Et celle de Paris, deux fols. ——— £—ß 2 ₰—

:*Vieilles Lettres d'Imprimerie le ° peſant ... 8.ˡ Eſpiceries.*
à Paris Savl de Barbarie a 38.ˡ le quintal

M

Macis, le quintal cy-deuant taxé, trois liures treize ſols. —℔ 3 ß 13 ⅌—

Et pour la nouuelle reapreciation, dix·huict ſols. ——℔— ß 18 ⅌—

Pour les quatre pour cent cy-devant taxez, huict liures. —℔ 8 ß — ⅌—

Et pour la nouuelle reapreciation, ————————————neant.

Maniguette, ou graine de Paradis, le quintal cy-deuant taxé, quarante-huict ſols. ——————————————————℔ 2 ß 8 ⅌—

Et pour la nouuelle reapreciation, ———————— neant.

Pour les quatre pour cent cy-deuant taxez, trente-deux
ſols. ——————————————————℔ 1 ß 12 ⅌—

Et pour la nouuelle reapreciation, ———————— neant.

Mandragore, le quintal cy-deuant taxé, vingt-cinq ſols trois den. ℔ 1 ß 5 ⅌ 3

Et pour la nouuelle reapreciation, ———————neant.

Manne de Briançon, le quintal cy-deuant taxé, trente ſols. ——℔ 1 ß 10 ⅌—

Et pour la nouuelle reapreciation, ———————— neant.

Manne de Calabre, pour tous droicts, le quintal cy-deuant taxé,
quinze liures. ——————————℔ 15 ß—⅌—

Et pour la nouuelle reapreciation, ———————neant.

Marcaciſtes, la buſte cy-deuant taxée, cinq liures. ———℔ 5 ß —⅌—

Et pour la nouuelle reapreciation, ——————— neant.

Maro, le quintal cy-deuant taxé, deux liures. ————℔ 2 ß—⅌—

Et pour la nouuelle reapreciation, vingt-deux ſols ſix
deniers. ——————————℔ 1 ß 2 ⅌ 6

Martille, le quintal cy-deuant taxé, deux ſols ſix deniers. ——℔— ß 2 ⅌ 6

Et pour la nouuelle reapreciation, trois ſols. ———℔— ß 3 ⅌—

Margaline, ou Marquacite, la balle cy-deuant taxée, huict liures. ℔ 8 ß —⅌—

Et pour la nouuelle reapreciation, ——————————neant.

Maſſicot & mine rouge, & mine de plomb, le quintal cy-deuant
taxé, onze ſols. ——————————————℔— ß 11 ⅌—

Et pour la nouuelle reapreciation, ——————————neant.

Maſtic, le quintal cy-deuant taxé, trois liures deux ſols ſix deniers. ℔ 3 ß 2 ⅌ 6

Et pour la nouuelle reapreciation, ——————neant.

Pour les quatre pour cent cy-deuant taxez, quatre liures. ℔ 4 ß—⅌—

Et pour la nouuelle reapreciation, vingt ſols. ——℔ 1 ß—⅌—

Machoacan, ou Macadoſſin, le quintal cy-deuant taxé, vingt liures. ℔ 20 ß—⅌—

Et pour la nouuelle reapreciation, ——————————neant.

Pour les quatre pour cent cy-deuant taxez, trente liures.—℔ 30 ß—⅌—

Et pour la nouuelle reapreciation, ——————————neant.

Miel, le quintal cy-deuant taxé, deux ſols quatre deniers. ——℔— ß 2 ⅌ 4

Et pour la nouuelle reapreciation, vn ſol huict deniers. —℔— ß 1 ⅌ 8

Pour les quatre pour cent cy-deuant taxez, quatre ſols. —℔— ß 4 ⅌—

Et

    Et pour la nouuelle reapreciation, deux sols huict deniers. ℔—ß 2 ⸸ 8

Mirabolans, le quintal cy-deuant taxé, quatre sols trois deniers. —℔—ß 4 ⸸ 3

    Et pour la nouuelle reapreciation, quinze sols neuf den.—℔—ß 15 ⸸ 9

    Pour les quatre pour cent cy-deuant taxez, dix sols. ——℔—ß 10 ⸸—

    Et pour la nouuelle reapreciation, douze sols. ——℔—ß 12 ⸸—

Myrrhe, le quintal cy-deuant taxé, cinquante-deux sols six den. —℔ 2 ß 12 ⸸ 6

    Et pour la nouuelle reapreciation, ————————neant.

    Pour les quatre pour cent cy-deuant taxez, trois liures. —℔ 3 ß—⸸—

    Et pour la nouuelle reapreciation, vingt sols. ——℔ 1 ß—⸸—

Mithridat, le quintal cy-deuant taxé, quarante-sept sols. ——℔ 2 ß 7 ⸸—

    Et pour la nouuelle reapreciation, treize sols. ——℔—ß 13 ⸸—

    Pour les quatre pour cent cy-deuant taxez, quarante sols. ℔ 2 ß—⸸—

    Et pour la nouuelle reapreciation, trois liures. ——℔ 3 ß—⸸—

Mommie, le quintal cy-deuant taxé, cinquante-deux sols six den. ℔ 2 ß 12 ⸸ 6

    Et pour la nouuelle reapreciation, ————————neant.

    Pour les quatre pour cent cy-deuant taxez, trois liures. —℔ 3 ß—⸸—

    Et pour la nouuelle reapreciation, ————————neant.

Mucquin, le quintal cy-deuant taxé, quarante-huict sols. ——℔ 2 ß 8 ⸸—

    Et pour la nouuelle reapreciation, ———————— neant.

    Pour les quatre pour cent cy-deuant taxez, trente sols. —℔ 1 ß 10 ⸸—

    Et pour la nouuelle reapreciation, ———————— neant.

Musc, pour tous droicts, la liure cy-deuant taxée, douze liures. —℔ 12 ß—⸸—

    Et pour la nouuelle reapreciation, ———————— neant.

Muscades, le quintal cy-deuant taxé, trois liures douze sols six den. ℔ 3 ß 12 ⸸ 6

    Et pour la nouuelle reapreciation, trois liures dix-sept sols

    six deniers. ————————————℔ 3 ß 17 ⸸ 6

    Pour les quatre pour cent cy-deuant taxez, six liures. —℔ 6 ß—⸸—

    Et pour la nouuelle reapreciation, deux liures. ——℔ 2 ß—⸸—

Marchandises.

Manteaux de feutre bordez de passemens de soye, le collet doublé

    de velours, la piece cy-deuant taxée, cinq sols. ——℔—ß 5 ⸸—

    Et pour la nouuelle reapreciation, vn sol. ——℔—ß 1 ⸸—

    Et la balle cy-deuant taxée, cinq liures cinq sols. ——℔ 5 ß 5 ⸸—

    Et pour la nouuelle reapreciation, ——————à l'équipolent

Manteaux lubernes & loups ceruiers, la piece cy-deuant taxée,

    trois liures. ————————————℔ 3 ß—⸸—

    Et pour la nouuelle reapreciation, ————————neant.

Manteaux d'Auuergne, la balle cy-deuant taxée, vingt-cinq sols. ℔ 1 ß 5 ⸸—

    Et pour la nouuelle reapreciation, ————————*Idem.*

Mantils vieux, le quintal cy-deuant taxé, cinq sols. ——℔—ß 5 ⸸—

    Et pour la nouuelle reapreciation, ————————neant.

                                    Mantils

Mantils & Servietes, la balle cy-deuant taxée, vingt fols. ———— ₶ 1 ß— ⱭΒ—

    Et pour la nouuelle reapreciation, le cent, fix fols. ———— ₶— ß 6 ⱭΒ—

Mantils à grain d'orge, cy deuant taxé, deux fols. ———— ₶— ß 2 ⱭΒ—

    Et pour la nouuelle reapreciation, vn fol. ———— ₶— ß 1 ⱭΒ—

    La balle cy-deuant taxée, huiℭt fols. ———— ₶— ß 8 ⱭΒ—

    Et pour la nouuelle reapreciation, quatre fols. ———— ₶— ß 4 ⱭΒ—

Mantils & Seruietes de Lorraine eſtrangeres, la balle cy-deuant

    taxée, trente fols. ———— ₶ 1 ß 10 ⱭΒ—

    Et pour la nouuelle reapreciation, le cent, dix fols. ———— ₶— ß 10 ⱭΒ—

Mantils blancs de Lorraine groſſiers, la balle cy-deuant taxée, fept

    fols fix deniers. ———— ₶— ß 7 ⱭΒ 6

    Et pour la nouuelle reapreciation, trois fols. ———— ₶— ß 3 ⱭΒ—

Marc, & fil d'or & d'argent, qui font huiℭt onces, cy-deuant ta-

    xées, vingt-huiℭt fols. ———— ₶ 1 ß 8 ⱭΒ—

    Et pour la nouuelle reapreciation, voyez *Or & Argent*.

Marroquins d'Eſpagne, & autres pays Eſtrangers, la balle cy-de-

    uant taxée, quatre liures dix-fept fols fix deniers. — ₶ 4 ß 17 ⱭΒ 6,

    Et pour la nouuelle reapreciation, voyez cy-deſſous la

    douzaine. ————

    La douzaine cy-deuant taxée, douze fols fix deniers. — ₶— ß 12 ⱭΒ 6

    Et pour la nouuelle reapreciation, douze fols fix deniers. ₶— ß 12 ⱭΒ 6

Marroquins de Dauphiné, Prouence, & autres femblables, la balle

    cy-deuant taxée, trente fols. ———— ₶ 1 ß 10 ⱭΒ—

    Et pour la nouuelle reapreciation, voyez cy-deſſous la

    douzaine. ————

    La douzaine cy-deuant taxée, trois fols. ———— ₶— ß 3 ⱭΒ—

    Et pour la nouuelle reapreciation, trois fols. ———— ₶— ß 3 ⱭΒ—

Martres communes, la balle cy-deuant taxée, vingt-deux liures. — ₶ 22 ß— ⱭΒ—

    Et pour la nouuelle reapreciation, voyez cy-deſſous la

    piece. ————

    La piece deux fols. ———— ₶— ß 2 ⱭΒ—

    Et pour la nouuelle reapreciation, vn fol. ———— ₶— ß 1 ⱭΒ—

Martres eſtrangeres, la piece cy-deuant taxée, trois fols. ———— ₶— ß 3 ⱭΒ—

    Et pour la nouuelle reapreciation, deux fols. ———— ₶— ß 2 ⱭΒ—

Marquentines de Veniſe, le quintal cy-deuant taxé, fix liures. — ₶ 6 ß— ⱭΒ—

    Et pour la nouuelle reapreciation, ———— neant.

    La quaiſſe cy-deuant taxée, neuf liures. ———— ₶ 9 ß— ⱭΒ—

    Et pour la nouuelle reapreciation, ———— à l'équipolent.

Maſques, la quaiſſe cy-deuant taxée, huiℭt liures. ———— ₶ 8 ß— ⱭΒ—

    Et pour la nouuelle reapreciation, quarante fols. ———— ₶ 2 ß— ⱭΒ—

Mattelats, la piece cy-deuant taxée, vn fol fix deniers. ———— ₶— ß 1 ⱭΒ 6

    Et pour la nouuelle reapreciation, deux fols. ———— ₶— ß 2 ⱭΒ—

Mercerie de Milan, & autres lieux d'Italie, Chemiſe de cotton, la

    quaiſſe cy-deuant taxée, neuf liures. ———— ₶ 9 ß— ⱭΒ—

            Et

Et pour la nouuelle reapreciatiõ, le cent pefant vingt fols. ℓ 1 ß — ₰ —

Mercerie de Flandres, de ceintures, lacets, rubans, fil d'efpine, & autres, le tonneau n'excedant quatre quintaux, cy-deuant taxé, quatorze liures. ———— ℓ 14 ß — ₰ —

Et pour la nouuelle reapreciation, le cent vingt fols. — ℓ 1 ß — ₰ —

Menuë Mercerie de Paris & Roüen, le tonneau n'excedant cinq quintaux, cy-deuant taxé, fept liures dix fols. — ℓ 7 ß 10 ₰ —

Et pour la nouuelle reapreciation, du cent pefant, dix fols. ℓ — ß 10 ₰ —

Le quintal cy-deuant taxé, trente fols. ———— ℓ 1 ß 10 ₰ —

Et pour la nouuelle reapreciation, dix fols. ———— ℓ — ß 10 ₰ —

Mercerie de Forefts, Auuergne, Droguez, queuës de finges, peignes de Languedoc, & coufteaux de Tiers, la charge n'excedant trois quintaux, cy-deuant taxée, dix-fept fols fix deniers. ———— ℓ — ß 17 ₰ 6

Et pour la nouuelle reapreciation, le cent cinq fols. — ℓ — ß 5 ₰ —

Mercerie de fainct Claude, la balle cy deuant taxée, onze fols. — ℓ — ß 11 ₰ —

Et pour la nouuelle reapreciation, cinq fols. ———— ℓ — ß 5 ₰ —

Mercerie d'Alemagne, le quintal cy-deuant taxé, trois liures cinq fols. ———— ℓ 3 ß 5 ₰ —

Et pour la nouuelle reapreciation, quinze fols. ———— ℓ — ß 15 ₰ —

Metal & cuiure rouge rompu, la charge de trois quintaux cy-deuant taxée, quinze fols. ———— ℓ — ß 15 ₰ —

Et pour la nouuelle reapreciation, le cent pefant, dix fols. ℓ — ß 10 ₰ —

Metal en fonte & en œuure, le quintal cy-deuant taxé, huict fols. ℓ — ß 8 ₰ —

Et pour la nouuelle reapreciation, fept fols. ———— ℓ — ß 7 ₰ —

Metal vieux, le quintal cy-deuant taxé, cinq fols. ———— ℓ — ß 5 ₰ —

Et pour la nouuelle reapreciation, cinq fols. ———— ℓ — ß 5 ₰ —

Meule de moulin Françoife, cy-deuant taxée, neuf fols. ———— ℓ — ß 9 ₰ —

Et pour la nouuelle reapreciation, huict deniers. ———— ℓ — ß — ₰ 8

Meule de moulin Chalonnoife, cy-deuant taxée, deux fols fix den. ℓ — ß 2 ₰ 6

Et pour la nouuelle reapreciation, cinq fols. ———— ℓ — ß 5 ₰ —

Mefches d'Arquebufes, la balle cy-deuant taxée, fept fols fix den. ℓ — ß 7 ₰ 6

Et pour la nouuelle reapreciation, deux fols fix deniers. ℓ — ß 2 ₰ 6

Mezolane de Milan, la piece cy-deuant taxée, dix fols. ———— ℓ — ß 10 ₰ —

Et pour la nouuelle reapreciation, cinq fols. ———— ℓ — ß 5 ₰ —

Mioftade d'Amiens, la piece cy-deuant taxée, trois fols. ———— ℓ — ß 3 ₰ —

Et pour la nouuelle reapreciation, deux fols. ———— ℓ — ß 2 ₰ —

Mioftade eftrangere, la piece cy-deuant taxée, quatre fols fix den. ℓ — ß 4 ₰ 6

Et pour la nouuelle reapreciation, cinq fols fix deniers. — ℓ — ß 5 ₰ 6

Miroirs, & merceries de Milan, la quaiffe cy-deuãt taxée, neuf liur. ℓ 9 ß — ₰ —

Et pour la nouuelle reapreciation, voyez *Mercerie*. vingt fols. ———— ℓ 1 ß — ₰ —

Molardeaux, la douzaine cy-deuant taxée, douze fols. ———— ℓ — ß 12 ₰ —

Et pour la nouuelle reapreciation, trois fols. ———— ℓ — ß 3 ₰ —

Molardeaux

Molardeaux petits, la douzaine cy-deuant taxée, six sols six den. £—ß 6 § 6

Et pour la nouuelle reapreciation, deux sols six deniers. —£—ß 2 § 6

Mallard, le baril cy-deuant taxé, dix deniers. ————————£—ß—§ 10

Et pour la nouuelle reapreciation, quatre deniers. ——£—ß—§ 4

Moncayards d'Abeuille, la piece cy-deuant taxée, dix sols. ——£—ß 10 §—

Et pour la nouuelle reapreciation, cinq sols. ——£—ß 5 §—

Moncayards d'Amiens, la piece cy-deuant taxée, quatre sols six
    deniers. ————————————£—ß 4 § 6

Et pour la nouuelle reapreciation, trois sols. ——£—ß 3 §—

Morion blanc ou noir, doré, graué ou non graué, cy-deuant taxé,
    deux sols six deniers. ————————£—ß 2 § 6

Et pour la nouuelle reapreciation, voyez *Armes*. ——

Moucades estrangeres, la piece cy-deuant taxée, onze sols. ——£—ß 11 §—

Et pour la nouuelle reapreciation, quatre sols. ——£—ß 4 §—

Moucades d'Amiens, la piece cy-deuant taxée, quatre sols six den. £—ß 4 § 6

Et pour la nouuelle reapreciation, trois sols. ——£—ß 3 §—

Mortiers de marbre, la piece cy-deuant taxée, vn sol. ——£—ß 1 §—

Et pour la nouuelle reapreciation, vn sol, ——£—ß 1 §—

Moutons accoustrez en chamois, la douzaine cy-deuant taxée,
    sept sols. ————————————£—ß 7 §—

Et pour la nouuelle reapreciation, cinq sols. ——£—ß 5 §—

Moutons en galle, la balle cy-deuant taxée, dix sols. ——£—ß 10 §—

Et pour la nouuelle reapreciation, le cent, trois sols. —£—ß 3 §—

Moutons en jambe, la balle cy-deuant taxée, dix sols. ——£—ß 10 §—

Et pour la nouuelle reapreciation, le cent, trois sols. —£—ß 3 §—

Moutons pelez, la douzaine cy-deuant taxée, vn sol. ——£—ß 1 §—

Et pour la nouuelle reapreciation, vn sol. ——£—ß 1 §—

La balle de charrette, neuf sols. ——£—ß 9 §—

Et pour la nouuelle reapreciation, ——————à l'équipolent

Le quintal, quatre sols. ————————£—ß 4 §—

Et pour la nouuelle reapreciation, ————————à l'équipolent

Mouluë seiche, le quintal, quatre sols. ————£—ß 4 §—

Espiceries & Drogueries.

N

Noix muscades, le quintal cy-deuant taxé, trois liures douze
    sols. ————————————————£ 3 ß 12 §—

Et pour la nouuelle reapreciation, trois liures dix-sept sols
    six deniers. ————————————£ 3 ß 17 § 6

Pour les quatre pour cent cy-deuant taxez, six liures. —£ 6 ß—§—

Et pour la nouuelle reapreciation, quatre liures. ——£ 4 ß—§—

Neus

Neus vomicqua, le quintal cy-deuant taxé, trente-deux ſols ſix
    deniers. ———————————————————— ℓ 1 ß 12 ẞ 6
    Et pour la nouuelle reapreciation , ——————————— neant.
    Pour les quatre pour cent cy-deuant taxez , quatre ſols. ℓ—ß 4 ẞ—
    Et pour la nouuelle reapreciation, quatre ſols. ————ℓ—ß 4 ẞ—
Nacre de perles , & coquilles de Nacre, la balle cy-deuant taxée,
    trois liures. ———————————————— ℓ 3 ß— ẞ—
    Et pour la nouuelle reapreciation , vingt ſols. ——ℓ 1 ß— ẞ—
Nacre en Chapelets, le quintal cy-deuant taxé, trente ſols. ——ℓ 1 ß 10 ẞ—
    Et pour la nouuelle reapreciation , dix ſols. ———ℓ—ß 10 ẞ—

Marchandiſes.

Nappes de Lorraine, le quintal cy-deuant taxé, vingt ſols. ——ℓ 1 ß— ẞ—
    Et pour la nouuelle reapreciation , dix ſols. ———ℓ—ß 10 ẞ—
La piece de Nappes ou Mantils, cy-deuãt taxée, douze ſols ſix den. ℓ—ß 12 ẞ 6
    Et pour la nouuelle reapreciation , dix ſols. ———ℓ—ß 10 ẞ—

Eſpiceries & Drogueries.

O

OCre, ou Croye blanche, jaune, noire ou rouge, le quintal cy-
    deuant taxé, deux ſols ſix deniers. ————————ℓ—ß 2 ẞ 6
    Et pour la nouuelle reapreciation , ——————————neant.
Oliues, le quintal pour les quatre pour cent cy-deuant taxez, trois
    ſols quatre deniers. ———————————————ℓ—ß 3 ẞ 4
    Et pour la nouuelle reapreciation , ſept ſols ſept deniers. ℓ—ß 7 ẞ 7
Opopanax, le quintal cy-deuant taxé, trois liures deux ſols ſix den. ℓ 3 ß 2 ẞ 6
    Et pour la nouuelle reapreciation , trois liures. ——ℓ 3 ß— ẞ—
    Pour les quatre pour cent cy-deuant taxez, ſix liures. —ℓ 6 ß— ẞ—
    Et pour la nouuelle reapreciation , trois liures. ——ℓ 3 ß— ẞ—
Oranges ſeiches, le quintal cy-deuant taxé , dix ſols. ———ℓ—ß 10 ẞ—
    Et pour la nouuelle reapreciation , deux ſols. ——ℓ—ß 2 ẞ—
Orpiment, le quintal cy-deuant taxé, treize ſols quatre deniers. —ℓ—ß 13 ẞ 4
    Et pour la nouuelle reapreciation , ——————————neant.
    Pour les quatre pour cent cy-deuant taxez, vingt ſols. —ℓ 1 ß— ẞ—
    Et pour la nouuelle reapreciation , ——————————neant.
Os de corne de cerf, le quintal cy-deuãt taxé, treize ſols quatre den. ℓ—ß 13 ẞ 4
    Et pour la nouuelle reapreciation , ——————————neant.
    Pour les quatre pour cent cy-deuant taxez, dix ſols. —ℓ—ß 10 ẞ—
    Et pour la nouuelle reapreciation , ——————————neant.

Orſeille

Orseilles, le quintal cy-deuant taxé, trente-deux sols six deniers. —£ 1 ß 12 § 6
    Et pour la nouuelle reapreciation, ——————————————neant.
    Pour les quatre pour cent cy-deuant taxez, vingt sols. —£ 1 ß—§—
    Et pour la nouuelle reapreciation, ——————————————neant.
Os de seiche, le quintal cy-deuant taxé, deux sols six deniers. —£—ß 2 § 6
    Et pour la nouuelle reapreciation, ——————————————neant.
Oppium, le quintal cy-deuant taxé, quatre liures. ————————£ 4 ß—§—
    Et pour la nouuelle reapreciation, quarante sols. ————£ 2 ß—§—
    Pour les quatre pour cent cy-deuant taxez, trois liures
      deux sols six deniers. ———————————————£ 3 ß 2 § 6
    Et pour la nouuelle reapreciation, cinq liures. ————£ 5 ß—§—
Oliban, le quintal cy-deuant taxé, trente-deux sols six deniers. —£ 1 ß 12 § 6
    Et pour la nouuelle reapreciation, trois sols six deniers. £—ß 3 § 6
    Pour les quatre pour cent cy-deuant taxez, douze sols. £—ß 12 §—
    Et pour la nouuelle reapreciation, douze sols. ————£—ß 12 §—
Oliues du cru de France, le quintal, dix sols. ————————£—ß 10 §—
Oranges, le millier en nombre, trois sols. ——————————£—ß 3 §—

Marchandises.

Offes, ou jonc pour vertugalles, la balle cy-deuant taxée, trois sols
    neuf deniers. ——————————————————£—ß 3 § 9
    Et pour la nouuelle reapreciation, vn sol trois deniers. —£—ß 1 § 3
Orloges d'Auuergne, la piece cy-deuant taxée, deux sols six den. £—ß 2 § 6
    Et pour la nouuelle reapreciation, cinq deniers. ————£—ß—§ 5
Orloges d'Alemagne & d'ailleurs, la piece cy-deuant taxée, cinq
    sols. ——————————————————————£—ß 5 §—
    Et pour la nouuelle reapreciation, cinq sols. ————£—ß 5 §—
Or de lime, ou battu, la quaisse pesant cent cinquante liures cy-
La liure deuant taxée, douze liures dix sols. ——————£ 12 ß 10 §—
    Et pour la nouuelle reapreciation, le cent pesant, cin-
    quante sols. ——————————————————£ 2 ß 10 §—
Or filé faux, le marc cy-deuant taxé, trois sols. ————————£—ß 3 §—
    Et pour la nouuelle reapreciation, trois sols. ————£—ß 3 §—
Or faux en feuille, clinquans, brillans, or de bassin, mercerie d'A-
    lemagne, tout au quintal, cy-deuant taxé, trois liures
    cinq sols. ——————————————————£ 3 ß 5 §—
    Et pour la nouuelle reapreciation, quinze sols. ————£—ß 15 §—
Or ou argent filé, le marc cy-deuant taxé, vingt-huict sols. ——£ 1 ß 8 §—
    Et pour la nouuelle reapreciation, ——————————neant.
Or ou argent sur fil de soye, la liure cy-deuant taxée, cinquante-
    six sols. ——————————————————£ 2 ß 16 §—
    Et pour la nouuelle reapreciation, ——————————neant.

O

Ostade

Oſtades d'Angleterre, le fonds ou charge n'excedant quatre quintaux, cy-deuant taxez, vingt liures. —————————— £ 20 ß — ß —
Et pour la nouuelle reapreciatiõ, du cent peſant, vingt ſols. £ 1 ß — ß —
Ouurages, cannetilles d'or ou d'argent, pour fonds, matieres &
manufacture, la liure cy-deuant taxée, quatre liures
quatre ſols. ——————————————————— £ 4 ß 4 ß —
Et pour la nouuelle reapreciation, dix ſols. ———————— £ — ß 10 ß
Ouurages, cannetilles, à ornemens & habillemens, eſtant de fil
d'or ou d'argent, d'vne ou pluſieurs ſortes enſemble,
la liure cy-deuant taxée, cinquante-ſix ſols. ———— £ 2 ß 16 ß —
Et pour la nouuelle reapreciation, ſix ſols. —————— £ — ß 6 ß
Ouurages, comme paſſement de ſoye, houſſes, chauſes de ſoye
ſans cramoiſy, la liure cy-deuant taxée, quatorze ſols. £ — ß 14 ß —
Et pour la nouuelle reapreciation, deux ſols. ————— £ — ß 2 ß
Ouurages fait d'or ou de ſoye, la liure cy-deuant taxée, cinquante-
ſix ſols. ——————————————————— £ 2 ß 16 ß —
Et pour la nouuelle reapreciation, —————————————— neant.
Ouurages auec or ou argent, piece de chamois en broderie, la li-
ure cy-deuant taxée, cinquante-ſix ſols. ————— £ 2 ß 16 ß —
Et pour la nouuelle reapreciation, ——————————————— neant.
Ouurages de fer, le quintal cy-deuant taxé, trois ſols. ——— £ — ß 3 ß —
Et pour la nouuelle reapreciation, vn ſol. ————— £ — ß 1 ß —
Ouurages de Flandres & d'ailleurs, en lingerie de lin, groſſes &
moyennes, comme toillettes, mouchoirs, chemiſes &
autres, non compris les dentelles & poinct-couppé, la
liure, voyez *lingerie*, *orfeurerie*, *& pierreries*, payeront
ſuiuant l'eſtimation, deux & demy pour cent. ———

Eſpiceries & Drogueries.

PErles, le quintal cy-deuant taxé, ſept liures deux ſols ſix den. £ 7 ß 2 ß 6
Et pour la nouuelle reapreciation, payeront ſuiuant l'eſti-
mation qui en ſera faite, à l'once ou à la liure, ſuiuant
les lieux d'où elles viendront. ————————
Pour les quatre pour cent cy-deuant taxez, vingt-huict liu. £ 28 ß — ß —
Et pour la nouuelle reapreciation, *Idem*, comme deſſus.
Perelle en terre, le quintal cy-deuant taxé, vn ſol quatre deniers. £ — ß 1 ß 4
Et pour la nouuelle reapreciation, quatre ſols huict den. £ — ß 4 ß 8
Pierre-ponce, le quintal cy-deuant taxé, deux ſols ſix deniers. — £ — ß 2 ß 6
Et pour la nouuelle reapreciation, trois ſols ſix deniers. — £ — ß 3 ß 6
Pour les quatre pour cent cy-deuant taxez, huict ſols. — £ — ß 8 ß —

Et

  Et pour la nouuelle reapreciation, ————————————— neant.
Pignons & piſtaches, le quintal cy-deuãt taxé, quatre ſols trois den. ℔ — ß 4 ß 3
  Et pour la nouuelle reapreciation, quatre ſols ſix deniers. ℔ — ß 4 ß 6
  Pour les quatre pour cent cy-deuant taxez, dix ſols. — ℔ — ß 10 ß —
  Et pour la nouuelle reapreciation, cinq ſols. ————— ℔ — ß 5 ß —
Pirette, le quintal cy-deuant taxé, neuf ſols huiĉt deniers. ——— ℔ — ß 9 ß 8
  Et pour la nouuelle reapreciation, ———————— neant.
  Pour les quatre pour cent cy-deuant taxez, cinq ſols. — ℔ — ß 5 ß —
  Et pour la nouuelle reapreciation, cinq ſols. ———— ℔ — ß 5 ß —
Poix, le bouillon cy-deuant taxé, ſix deniers. ————— ℔ — ß — ß 6
  Et pour la nouuelle reapreciation, le quintal, huiĉt deniers. ℔ — ß — ß 8
Poix-raſine, le quintal cy-deuant taxé, neuf deniers. ——— ℔ — ß — ß 9
  Et pour la nouuelle reapreciation, ſeize deniers. ——— ℔ — ß 1 ß 4
Pourcelaine, le quintal cy-deuant taxé, trente-ſept ſols ſix deniers. ℔ 1 ß 17 ß 6
  Et pour la nouuelle reapreciation, ———————— neant.
  Pour les quatre pour cent cy-deuant taxez, quarante ſols. ℔ 2 ß — ß —
  Et pour la nouuelle reapreciation, ———————— neant.
Poudres de violettes ou de chipre, le quintal cy-deuant taxé, vingt
  ſols. ———————————————— ℔ 1 ß — ß —
  Et pour la nouuelle reapreciation, trois liures. ——— ℔ 3 ß — ß —
Pouſſe de gingembre eſpointé, le quintal cy-deuant taxé, vingt-
  neuf ſols trois deniers. ———————————— ℔ 1 ß 9 ß 3
  Et pour la nouuelle reapreciation, ———————— neant.
  Pour les quatre pour cent cy-deuant taxez, trois liures. ℔ 3 ß — ß —
  Et pour la nouuelle reapreciation, ———————— neant.
Pouſſe d'eſcarlatte de France, le quintal cy-deuant taxé, ſix liures. ℔ 6 ß — ß —
  Et pour la nouuelle reapreciation, ———————— neant.
  L'eſtrangere pour tous droiĉts, le quintal cy-deuant taxé,
  quatorze liures dix ſols. ————————— ℔ 14 ß 10 ß —
  Et pour la nouuelle reapreciation, ———————— neant.
Pouſſe de Muſcade ou maſſis, le quintal cy-deuant taxé, quarante-
  ſept ſols ſix deniers. ————————————— ℔ 2 ß 7 ß 6
  Et pour la nouuelle reapreciation, ———————— neant.
  Pour les quatre pour cent cy-deuant taxez, ſix liures. — ℔ 6 ß — ß —
  Et pour la nouuelle reapreciation, ———————— neant.
Poiure, le quintal cy-deuant taxé, trois liures deux ſols ſix deniers. ℔ 3 ß 2 ß 6
  Et pour la nouuelle reapreciation, ———————— neant.
  Pour les quatre pour cent, ſix liures. ————— ℔ 6 ß — ß —
  Et pour la nouuelle reapreciation, ———————— neant.
Poiure leger, le quintal cy-deuant taxé, quarante-ſept ſols ſix den. ℔ 2 ß 7 ß 6
  Et pour la nouuelle reapreciation, ———————— neant.
  Pour les quatre pour cent cy-deuant taxez, trois liures. — ℔ 3 ß — ß —
  Et pour la nouuelle reapreciation, deux ſols ſix deniers. — ℔ — ß 2 ß 6
Poiure long, le quintal cy-deuant taxé, trois liures deux ſols ſix den. ℔ 3 ß 2 ß 6

                  Et

Et pour la nouuelle reapreciation , ——————————————— neant.

Pour les quatre pour cent cy-deuant taxez, six liures. — ₶ 6 ß — ß —

Et pour la nouuelle reapreciation , ——————————————— neant.

Perelle en teintures du pays, la charge cy-deuant taxée, vingt sols

six deniers. ———————————————————— ₶ 1 ß — ß 6

Et pour la nouuelle reapreciation , ——————————————— neant.

Poudre d'arquebuse, le quintal cy-deuant taxé, quinze sols six den. ₶ — ß 15 ß 6

Et pour la nouuelle reapreciation , ——————————————— neant.

Pour les quatre pour cent cy-deuant taxez , douze sols. — ₶ — ß 12 ß —

Et pour la nouuelle reapreciation , ——————————————— neant.

Petum, ou herbe de la Reine, le quintal, pour tous droicts, cinq liu. ₶ 5 ß — ß —

Et pour la nouuelle reapreciation , ——————————————— neant.

Pruneaux de toutes sortes, le quintal trois sols. —————————— ₶ — ß 3 ß —

Plumes de litz a 6 s 8 d le quintal

Marchandises.

Plomb de Mer a 11 s le ° et ——————————— 11 s

Panne de soye de Tours , & d'ailleurs, la liure cy-deuant taxée,

cinq sols neuf deniers. ——————————————— ₶ — ß 5 ß 9

Et pour la nouuelle reapreciation , trois sols trois deniers. ₶ — ß 3 ß 3

Papier fin, blanc & bleu, la balle cy-deuant taxée, cinq sols six den. ₶ — ß 5 ß 6

Et pour la nouuelle reapreciation , deux sols. ————— ₶ — ß 2 ß —

L'estranger, neuf sols. ————————————— ₶ — ß 9 ß —

Et pour la nouuelle reapreciation , le cent, trois sols. — ₶ — ß 3 ß —

Papier de trasse de Paris , la balle cy deuant taxée, vn sol six den. ₶ — ß 1 ß 6

Et pour la nouuelle reapreciation, le cent, vn sol six den. ₶ — ß 1 ß 6

Papier de trasse estranger, la balle cy-deuant taxée, deux sols neuf

deniers. ———————————————————— ₶ — ß 2 ß 9

Et pour la nouuelle reapreciation, le cent, deux sols. — ₶ — ß 2 ß —

Le quintal cy-deuant taxé, vn sol six deniers. ————— ₶ — ß 1 ß 6

Et pour la nouuelle reapreciation, deux sols. ————— ₶ — ß 2 ß —

Papier blanc , la balle cy-deuant taxée, trois sols. ————— ₶ — ß 3 ß —

Et pour la nouuelle reapreciatiõ, le cent, deux sols six den. ₶ — ß 2 ß 6

Et l'Estranger cy-deuant taxé, onze sols. ————— ₶ — ß 11 ß —

Et pour la nouuelle reapreciation , ——————————— à l'équipolent

Papier de trasse de charrette, cy-deuant taxé, deux sols trois den. ₶ — ß 2 ß 3

Et pour la nouuelle reapreciation, le cent pesant, vn sol. ₶ — ß 1 ß —

Papier fin estranger, le quintal cy-deuant taxé , trois sols. — ₶ — ß 3 ß —

Et pour la nouuelle reapreciation , trois sols. ——— ₶ — ß 3 ß —

Papier fin du pays, le quintal cy-deuant taxé , deux sols. —— ₶ — ß 2 ß —

Et pour la nouuelle reapreciation , cinq sols. ——— ₶ — ß 5 ß —

Papier gros estranger, la balle de charrette cy-deuant taxée, qua-

tre sols six deniers. ———————————————— ₶ — ß 4 ß 6

Et pour la nouuelle reapreciation, le cent, trois sols. — ₶ — ß 3 ß —

P

* Peaux en Jambe Le quintal 8ˢ

Peaux d'agneau en Couleur Le quin.ᵃˡ . . 2: .

Pierre Emouloire Le quintal 8ˢ

Pelleterie Commune Le quintal . . . . 3: .

Peau Cruë La balle a 12ˢ

Peaux de Castor Le quintal . . . . 7:10: ˢ

Pierre d'Emant Voyez Calamin le ⁰⁄₀ 1: 11: ˢ

Peaux en Jaune La douzaine 12ˢ

Peaux de Porc Cruë Le quintal . . . 8ˢ 4ᵈ

Verre Noir a 3ˢ

Papier de traſſe du pays, le quintal cy-deuant taxé, vn ſol. ——— £ — ß 1 § —

   Et pour la nouuelle reapreciation, vn ſol. ——— £ — ß 1 § —

Parchemin, la balle cy-deuant taxée, dix ſols. ——— £ — ß 10 § —

3.8ᵉ Requinᵃˡ Et pour la nouuelle reapreciation, trois ſols. ——— £ — ß 3 § —

Parun, la charge cy-deuant taxée, quatre ſols. ——— £ — ß 4 § —

s4 Requinᵃˡ Et pour la nouuelle reapreciation, le cent vn ſol. ——— £ — ß 1 § —

Paëlles de fer, la balle cy-deuant taxée, neuf ſols. ——— £ — ß 9 § —

   Et pour la nouuelle reapreciation, trois ſols. ——— £ — ß 3 § —

Paſſemens, Rubans, Porfileures, Franges, Ceintures, Coiffes, Collets de chemiſes, & autres tiſſeures, ouurages & paſſemens de fil d'or, d'argent filé ou traict, la liure cy-deuant taxée, trois liures dix-huict ſols. ——— £ 3 ß 18 § —

   Et pour la nouuelle reapreciation, ——— neant.

Paſſemens, Rubans, Porfileures, Traſſes, Franges, Ceintures, Collets de chemiſe, & autres tiſſeures de fil d'or, d'argent
   & de ſoye, meſlez enſemble, la liure cy-deuant taxée,
   cinquante-ſix ſols. ——— £ 2 ß 16 § —

   Et pour la nouvelle reapreciation, ——— neant.

Paſſemens, Traſſes, ouurages, & choſes ſuſdites, de ſoye rouge
   cramoyſi, la liure cy-deuant taxée, quarante-huict ſols
   neuf deniers. ——— £ 2 ß 8 § 9

   Et pour la nouuelle reapreciation, ——— neant.

Paſſemens, traces, ouurages, & choſes ſuſdites de ſoye ſans cramoyſi, la liure cy-deuant taxée, quatorze ſols. ——— £ — ß 14 § —

   Et pour la nouuelle reapreciation, huict ſols. ——— £ — ß 8 § —

Paſſemens de Saint Chamond, la liure cy-deuant taxée, deux ſols. £ — ß 2 § —

   Et pour la nouuelle reapreciation, vn ſol. ——— £ — ß 1 § —

Paſtel, le quintal cy-deuant taxé, vn ſol ſix deniers. ——— £ — ß 1 § 6

   Et pour la nouuelle reapreciation, trois ſols ſix deniers. — £ — ß 3 § 6

   La charge de trois quintaux cy-deuant taxée, quatre ſols
   ſix deniers. ——— £ — ß 4 § 6

   Et pour la nouuelle reapreciation, à proportion que deſſus.

Paſtel eſtranger, la balle cy-deuant taxée, deux ſols trois deniers. — £ — ß 2 § 3

   Et pour la nouuelle reapreciation, du cent, ſix ſols. ——— £ — ß 6 § —

Paſtel d'eſcarlate eſtranger, le quintal cy-deuant taxé, ſix liures. — £ 6 ß — § —

   Et pour la nouuelle reapreciation, trois liures. ——— £ 3 ß — § —

Patenoſtres turquines, la quaiſſe cy-deuant taxée, cinq liures. — £ 5 ß — § —

   Et pour la nouuelle reapreciation, du cent, dix ſols. ——— £ — ß 10 § —

Paſtes, le quintal cy-deuant taxé, ſix deniers. ——— £ — ß — § 6

   Et pour la nouuelle reapreciation, deux deniers. ——— £ — ß — § 2

   Et l'Eſtranger cy-deuant taxé, neuf deniers. ——— £ — ß — § 9

   Et pour la nouuelle reapreciation, trois deniers. ——— £ — ß — § 3

Pattins, contenans vn millier, cy-deuant taxé, quatre ſols trois den. £ — ß 4 § 3

   Et pour la nouuelle reapreciation, vn ſol trois deniers. — £ — ß 1 § 3

P

Petite

58

Petite piece de senteur à fleur d'oranges , la douzaine cy-deuant
taxée, trois sols. ———————————————ℓ—ß 3 ß—
Et pour la nouuelle reapreciation, vn sol. ————ℓ—ß 1 ß—
Petites pieces couleur jaune , ou rousses , la douzaine cy-deuant
taxée, quinze sols. ———————————ℓ—ß 15 ß—
Et pour la nouuelle reapreciation, trois sols. ——ℓ—ß 3 ß—
Petites peaux de Chevrotins lauées en jassemin , la douzaine cy-
deuant taxée, trois sols. ——————————ℓ—ß 3 ß—
Et pour la nouuelle reapreciation , vn sol. ———ℓ—ß 1 ß—
Peaux de Cabron grandes à fleur d'orange, la douzaine cy-deuant
taxée , dix sols. ————————————ℓ—ß 10 ß—
Et pour la nouuelle reapreciation , cinq sols. ——ℓ—ß 5 ß—
Peaux de Romaigne, Pistoye, & peaux de mer , la balle cy-deuant
taxée , huict liures quinze sols. ————————ℓ 8 ß 15 ß—
Et pour la nouuelle reapreciation, du cent, quarante sols. ℓ 2 ß— ß—
Peaux de pays habillées en jambe, la balle cy-deuant taxée, dix sols. ℓ—ß 10 ß—
Et pour la nouuelle reapreciation , le cent, trois sols. ——ℓ—ß 3 ß—
Peaux d'Agneaux cruës Estrangeres, la balle cy-deuant taxée, onze
sols. ————————————————ℓ—ß 11 ß—
Et pour la nouuelle reapreciation, du cent, trois sols. ——ℓ—ß 3 ß—
Peaux d'Agneaux cruës, Chevreaux & Moutons , la balle cy-de-
uant taxée , six sols. ————————————ℓ—ß 6 ß—
Et pour la nouuelle reapreciation , du cent , trois sols. ——ℓ—ß 3 ß—
Peaux de Regnard sauuagines, la piece cy-deuant taxée, six den. ——ℓ—ß— ß 6
Et pour la nouuelle reapreciation , trois deniers. ———ℓ—ß— ß 3
La balle cy-deuant taxée, quarante sols. ————ℓ 2 ß— ß—
Et pour la nouuelle reapreciation , ————————à proportion.
Peaux de Loup , la piece cy-devant taxée, vn sol. ——ℓ—ß 1 ß—
Et pour la nouuelle reapreciation , quatre deniers. ——ℓ—ß— ß 4
Et Loups cerviers, cy-deuant taxez, cinq sols. ———ℓ—ß 5 ß—
Et pour la nouuelle reapreciation, deux sols six deniers. ——ℓ—ß 2 ß 6
Peaux de Pourceau, la balle cy-deuant taxée, huict sols. ———ß 8 ß—
Et pour la nouuelle reapreciatiõ, du cent pesant, trois sols. ℓ—ß 3 ß—
L'Estranger cy-devant taxé, douze sols. ————ℓ—ß 12 ß—
Et pour la nouuelle reapreciatiõ, du cét pesant, quatre sols. ℓ—ß 4 ß—
Peaux de Chevreaux cruës, le quintal cy-deuant taxé, quatre sols. ℓ—ß 4 ß—
Et pour la nouuelle reapreciation , vn sol six deniers. ——ℓ—ß 1 ß 6
Peaux de Chevres , Moutons , Veaux , Chevreaux estrangers , la
balle cy-devant taxée , neuf sols. ——————ℓ—ß 9 ß—
Et pour la nouuelle reapreciation , voyez cy-dessous la
douzaine. ——————————————
Et la douzaine cy-deuant taxée , vn sol neuf deniers. ——ℓ—ß 1 ß 9
Et pour la nouuelle reapreciation , six deniers. ———ℓ—ß— ß 6
Le quintal cy-deuant taxé , six sols. ——————ℓ—ß 6 ß—
Et

Et pour la nouuelle reapreciation, voyez cy-deſſus. ——

Peaux de Moutons, Chevres & Veaux, la douzaine cy-deuant taxée, vn ſol. ———————————————————— *l*—ß 1 ß—

Et pour la nouuelle reapreciation, quatre deniers. ——*l*—ß— ß 4

Peaux de Chien, la charge cy-devant taxée, dix-ſept ſols ſix den. *l*—ß 17 ß 6

Et pour la nouuelle reapreciation, le cent, deux ſols ſix
deniers. ———————————————— *l*—ß 2 ß 6

Peaux de Mouton, habillées en chamois, la douzaine cy-deuant
taxée, ſept ſols. ———————————————— *l*—ß 7 ß—

Et pour la nouuelle reapreciation, cinq ſols. ——*l*—ß 5 ß—

Peaux de Chevre accouſtrées, eſtrangeres, la balle cy-deuant taxée, dix ſols. ——————————————— *l*—ß 10 ß—

Et pour la nouuelle reapreciation, le cent, trois ſols. —*l*—ß 3 ß—

Peaux de Veaux & Moutons cruës, eſtrangeres, le quintal cy-deuant taxé, ſix ſols. ———————————— *l*—ß 6 ß—

Et pour la nouuelle reapreciation, deux ſols. ———*l*—ß 2 ß—

Peaux razes, la charge de trois quintaux cy-deuant taxée, dix-ſept
ſols ſix deniers. ——————————————— *l*— ß 17 ß 6

Et pour la nouuelle reapreciation, trois ſols. ——*l*—ß 3 ß—

Peaux d'Agneaux & Chevreaux, la douzaine, ſix deniers. —*l*—ß— ß 6

Et pour la nouuelle reapreciation, ſix deniers. ——*l*—ß— ß 6

Peaux de Connils, la douzaine cy-deuant taxée, trois deniers. —*l*—ß— ß 3

Et pour la nouuelle reapreciation, trois deniers. ——*l*—ß— ß 3

Peaux de Cerf, la piece cy-deuant taxée, deux ſols ſix deniers. —*l*—ß 2 ß 6

Et pour la nouuelle reapreciation, ſix deniers. ——*l*—ß— ß 6

Peaux de ſenteurs, la douzaine cy-deuant taxée, trois liures. —*l* 3 ß— ß—

Et pour la nouuelle reapreciation, vingt ſols. ——*l* 1 ß— ß—

Peaux de Chien de mer, la balle cy-deuãt taxée, trois liures dix ſols. *l* 3 ß 10 ß—

Et pour la nouuelle reapreciation, le cent peſant, cinq ſols. *l*— ß 5 ß—

Peaux de Chevres habillées en chamois, ou imprimées, la piece
cy-deuant taxée, ſept ſols. ——————————— *l*—ß 7 ß—

Et pour la nouuelle reapreciation, ————————— neant.

Peaux d'Agneaux de Rome de ſenteur, la douzaine cy-deuant taxée, cinq ſols. ——————————————— *l*—ß 5 ß—

Et pour la nouuelle reapreciation, deux ſols ſix deniers. *l*—ß 2 ß 6

Peaux de Buffle habillées en jaune, la piece cy-deuant taxée, treize
ſols ſix deniers. ——————————————— *l*—ß 13 ß 6

Et pour la nouuelle reapreciation, ſix ſols ſix deniers. —*l*—ß 6 ß 6

Peaux cruës de Bieure, la piece cy-deuant taxée, vn ſol. ——*l*—ß 1 ß—

Et pour la nouuelle reapreciation, la piece, deux ſols. —*l*—ß 2 ß—

Peignes à Tiſſerant, la balle cy-deuant taxée, vingt ſols. ——*l* 1 ß— ß—

Et pour la nouuelle reapreciation, quatre ſols. ——*l*—ß 4 ß—

Peignes de Roynce, la quaiſſe cy-deuant taxée, trois ſols. ——*l*—ß 3 ß—

Et pour la nouuelle reapreciation, le cent, vn ſol. ——*l*—ß 1 ß—

Peignes

60

Peignes de Languedoc, la quaiſſe cy-deuant taxée, huict ſols neuf
    deniers. ————————————————— ℓ — ß 8 ℬ 9
    Et pour la nouuelle reapreciation, le cent, trois ſols. — ℓ — ß 3 ℬ —
    La charge cy-deuant taxée, dix-ſept ſols ſix deniers. — ℓ — ß 17 ℬ 6
    Et pour la nouuelle reapreciation, comme deſſus. ———
Peintures en toile, de pays, le quintal cy-deuant taxé, quinze ſols. ℓ — ß 15 ℬ —
    Et pour la nouuelle reapreciation, voyez *Images*. ———
    Eſtrangeres de toutes ſortes, le quintal cy-deuant taxé,
    vingt-cinq ſols. ————————————————— ℓ 1 ß 5 ß —
    Et pour la nouuelle reapreciation, ———————————— *Idem.*
Pelleterie noire de Naples, la balle cy-deuant taxée, cinq liures
    cinq ſols. ————————————————— ℓ 5 ß 5 ℬ —
    Et pour la nouuelle reapreciation, le cent, vingt ſols. — ℓ 1 ß — ℬ —
Pelleterie blanche, la balle cy-deuant taxée, trente-cinq ſols. — ℓ 1 ß 15 ℬ —
    Et pour la nouuelle reapreciation, le cent, quinze ſols. — ℓ — ß 15 ℬ —
Pelleterie accouſtrée, la balle cy-deuant taxée, huict liures quinze
    ſols. ————————————————— ℓ 8 ß 15 ℬ —
    Et pour la nouuelle reapreciation, le cent, trente ſols. — ℓ 1 ß 10 ℬ —
Pelleteries d'Agneaux, & Eſtrangeres, cy-deuant taxées, cinq li-
    ures cinq ſols. ————————————————— ℓ 5 ß 5 ℬ —
    Et pour la nouuelle reapreciation, le cent peſant, vingt ſols. ℓ 1 ß — ℬ —
Peliſſons, la charge de trois quintaux cy-deuant taxez, cinquante
    ſols. ————————————————— ℓ 2 ß 10 ℬ —
    Et pour la nouuelle reapreciatiõ, du cent peſant cinq ſols. ℓ — ß 5 ℬ —
Pluche de fleurs, & fil, faite à Geneue, la liure cy-deuant taxée,
    ſept ſols. ————————————————— ℓ — ß 7 ℬ —
    Et pour la nouuelle reapreciation, deux ſols. — ℓ — ß 2 ℬ —
Perrelle du Puy, pour ſeruir en teinture, la charge cy-deuant taxée,
    vingt-deux ſols ſix deniers. ———————————— ℓ 1 ß 2 ℬ 6
    Et pour la nouuelle reapreciation, le cent peſant, cinq ſols. ℓ — ß 5 ℬ —
Petenuche, gallette de cocolle, qui procede de la ſoye, la balle
    cy-deuant taxée, vingt-trois ſols ſix deniers. ———— ℓ 1 ß 3 ℬ 6
    Et pour la nouuelle reapreciation, le cent, dix ſols. — ℓ — ß 10 ℬ —
Picques ferrées, la douzaine cy-deuant taxée, deux ſols ſix deniers. ℓ — ß 2 ℬ 6
    Et pour la nouuelle reapreciation, vn ſol ſix deniers. — ℓ — ß 1 ℬ 6
Pierre eſmouloire, la balle cy-deuant taxée, ſix ſols. ———— ℓ — ß 6 ℬ —
    Et pour la nouuelle reapreciation, deux ſols. ———— ℓ — ß 2 ℬ —
Pierres eſmouloires eſtrangeres, la balle, dix ſols. ———— ℓ — ß 10 ℬ —
    Et pour la nouuelle reapreciation, cinq ſols. ———— ℓ — ß 5 ℬ —
Pierres d'Arquebuſes & Piſtolets, la balle cy-deuant taxée, dix ſols. ℓ — ß 10 ℬ —
    Et pour la nouuelle reapreciation, le cent peſant, deux
    ſols. ————————————————— ℓ — ß 2 ℬ —
Pierres de Mangayer, pour ſonder, le quintal cy-deuant taxé,
    vn ſol. ————————————————— ℓ — ß 1 ℬ —

Et

Et pour la nouuelle reapreciation, deux deniers. —— ₶——ß——ȝ 2
Peignes à faire les velours & fuſtaines, la balle cy-deuant taxée,
    vingt ſols. ———————————————— ₶ 1 ß—ȝ—
Et pour la nouuelle reapreciation, cinq ſols. ——— ₶—ß 5 ȝ—
Piſtolets d'Alemagne, Milan, & autres pays eſtrangers, la piece
    cy-deuant taxée, quinze ſols. —————— ₶—ß 15 ȝ—
Et pour la nouuelle reapreciation, —————————— neant.
Piſtolets garnis de rouëts, montez, la douzaine cy-deuant taxée,
    quarante ſols. ——————————— ₶ 2 ß—ȝ—
Et pour la nouuelle reapreciation, —————————— neant.
Platte, ou rozette, le quintal cy-deuant taxé, huict ſols. ——— ₶—ß 8 ȝ—
Et pour la nouuelle reapreciation, douze ſols. ——— ₶—ß 12 ȝ—
Plomb, le quintal cy deuant taxé, trois ſols. ——— ₶—ß 3 ȝ—
Et pour la nouuelle reapreciation, deux ſols. ——— ₶—ß 2 ȝ—
Et l'Eſtranger cy-deuant taxé, quatre ſols quatre deniers. ₶—ß 4 ȝ 4
Et pour la nouuelle reapreciation, trois ſols neuf deniers. ₶—ß 3 ȝ 9
Plumes d'Auſtruche d'Orient, la quaiſſe peſant environ cent li-
    ures, cy deuant taxée, trente-cinq liures. ——— ₶ 35 ß—ȝ—
Et pour la nouuelle reapreciation, ſept liures dix ſols. —₶ 7 ß 10 ȝ—
Plumes d'Aigrettes, la liure cy-deuant taxée, ſept ſols ſix deniers. ₶—ß 7 ȝ 6
Et pour la nouuelle reapreciation, deux ſols. ——— ₶—ß 2 ȝ—
Plumes d'Auſtruche d'Alexandrie, la quaiſſe cy-deuant taxée,
    vingt-cinq liures. ————————— ₶ 25 ß—ȝ—
Et pour la nouuelle reapreciation, cinq liures. —— ₶ 5 ß—ȝ—
Plumes pour lict, la balle cy-deuant taxée, cinq ſols. —— ₶—ß 5 ȝ—
Et pour la nouuelle reapreciation, cinq ſols. ——— ₶—ß 5 ȝ—
Plumes de Duuet, la balle cy-deuant taxée, dix ſols. —— ₶—ß 10 ȝ—
Et pour la nouuelle reapreciation, le cent, cinq ſols. —₶—ß 5 ȝ—
Plumettes rayées de ſoye, la piece cy-deuant taxée, dix ſols. —₶—ß 10 ȝ—
Et pour la nouuelle reapreciation, deux ſols. ——— ₶—ß 2 ȝ—
Plumettes ſans ſoye, la piece cy-deuant taxée, quatre ſols ſix den. ₶—ß 4 ȝ 6
Et pour la nouuelle reapreciation, deux ſols. ——— ₶—ß 2 ȝ—
Pots de fer, le quintal cy-deuant taxé, ſeize ſols huict deniers. —₶—ß 16 ȝ 8
Et pour la nouuelle reapreciation, ————————— neant.
Et la piece cy-deuant taxée, deux deniers. ——— ₶—ß—ȝ 2
Et pour la nouuelle reapreciation, ———————— Idem.

✳

Eſpiceries & Drogueries.

Q

Queuës de draps, ou cappes, le quintal cy-deuant taxé, huiҫt ſols. — £ — ß 8 d —

   Et pour la nouuelle reapreciation, deux ſols. — £ — ß 2 d —

Queuës, ou bouts d'eſtamines, le quintal, huiҫt ſols. — £ — ß 8 d —

   Et pour la nouuelle reapreciation, deux ſols. — £ — ß 2 d —

Queuës d'eſtaing, le quintal cy-deuant taxé, huiҫt ſols neuf den. £ — ß 8 d 9

   Et pour la nouuelle reapreciation, deux ſols. — £ — ß 2 d —

Queuës de Singe, la balle cy-deuant taxée, huiҫt ſols neuf deniers. £ — ß 8 d 9

8 ſ Le quintal   Et pour la nouuelle reapreciation, trois ſols. — £ — ß 3 d —

Queuës, ou fonte, le quintal cy-deuant taxé, huiҫt ſols. — £ — ß 8 d —

   Et pour la nouuelle reapreciation, trois ſols. — £ — ß 3 d —

Quinquaillerie de fer, le quintal cy-deuant taxé, ſix ſols. — £ — ß 6 d —

   Et pour la nouuelle reapreciation, quatre ſols. — £ — ß 4 d —

   La balle cy-deuant taxée, neuf ſols. — £ — ß 9 d —

   Et pour la nouuelle reapreciation, à proportion cy-deſſus, ſix ſols. — £ — ß 6 d —

Quinquaillerie de cuiure, le quintal cy-deuant taxé, vingt-vn ſol. £ 1 ß 1 d —

4 ᵗ 16 ſ Le quintal Et pour la nouuelle reapreciation, dix ſols. — £ — ß 10 d —

Quinquaillerie de fonte ou d'acier, la balle n'excedant deux quintaux, cy-deuant taxée, douze ſols. — £ — ß 12 d —

   Et pour la nouuelle reapreciation, quatre ſols. — £ — ß 4 d —

Quinquaillerie eſtrangere d'Alemagne, la balle cy-deuant taxée,
cinq liures quinze ſols. — £ 5 ß 15 d —

   Et pour la nouuelle reapreciatiõ, le cent peſant, vingt ſols. £ 1 ß — d —

Eſpiceries & Drogueries.

R

RAiſins de Corinthe, & autres eſtrangers, le quintal, pour les
quatre pour cent, cy-deuant taxez, dix ſols. — £ — ß 10 d —

   Et pour la nouuelle reapreciation, — neant.

Raiſins de Damas, le quintal cy-deuant taxé, dix ſols. — £ — ß 10 d —

   Et pour la nouuelle reapreciation, deux ſols ſix deniers. — £ — ß 2 d 6

Razure eboris, autrement raclure d'Iuoire, le quintal cy-deuant
taxé, dix ſols. — £ — ß 10 d —

   Et pour la nouuelle reapreciation, — neant.

Reagal, le quintal cy-deuant taxé, treize ſols quatre deniers. — £ — ß 13 d 4

   Et pour la nouuelle reapreciation, — neant.

   Pour les quatre pour cent cy-deuant taxez, douze ſols. — £ — ß 12 d —

   Et pour la nouuelle reapreciation, trois ſols. — £ — ß 3 d —

Regliſſe, le quintal cy-deuant taxé, quatre ſols trois deniers. — £ — ß 4 d 3

   Et pour la nouuelle reapreciation, vn ſol neuf deniers. — £ — ß 1 d 9

Pour les quatre pour cent cy-deuant taxez, deux ſols. —£—ß 2 ℔—
Et pour la nouuelle reapreciation, ſix ſols. ———————£—ß 6 ℔—
Ris, pour les quatre pour cent, la balle cy deuant taxée, trois ſols. £— ß 3 ℔—
Et pour la nouuelle reapreciation, ſept ſols. ———£—ß 7 ℔—
Roſes de Provins, le quintal cy-deuant taxé, vingt ſols. ———£ 1 ß—℔—
Et pour la nouuelle reapreciation, cinq ſols. ———£—ß 5 ℔—
Rozette, le quintal cy-deuant taxé, neuf ſols. ———£—ß 9 ℔—
Et pour la nouuelle reapreciation, ſix ſols. ———£—ß 6 ℔—
Rheubarbe, le quintal cy-deuant taxé, huict liures deux ſols ſix den. £ 8 ß 2 ℔ 6
Et pour la nouuelle reapreciation, ſix liures dix-ſept ſols
ſix deniers. ———————£ 6 ß 17 ℔ 6
Pour les quatre pour cent cy-deuant taxez, cinquante liu. £ 50 ß—℔—
Et pour la nouuelle reapreciation, ———————neant.
Reſponti, le quintal cy-deuant taxé, quatre liures vn ſol trois den. £ 4 ß 1 ℔ 3
Et pour la nouuelle reapreciation, quatre liures. ———£ 4 ß—℔—
Pour les quatre pour cent cy-deuant taxez, vingt-cinq liu. £ 25 ß—℔—
Et pour la nouuelle reapreciation, ———————neant.
Rubea major, le quintal cy-deuant taxé, quatre ſols. ———£—ß 4 ℔—
Et pour la nouuelle reapreciation, ſix ſols. ———£—ß 6 ℔—
Raiſins de Savoye, le quintal cy-deuant taxé, cinq ſols. ———£—ß 5 ℔—
Et pour la nouuelle reapreciation, trois ſols. ———£—ß 3 ℔—
Raiſins du crû de France, le quintal, cinq ſols. ———£—ß 5 ℔—

Marchandiſes.

Racines, la balle cy deuant taxée, quatre ſols. ———————£—ß 4 ℔—
Et pour la nouuelle reapreciation, du cent peſant, vn ſol. £—ß 1 ℔—
Racines de Sauoye, la balle cy deuant taxée, cinq ſols. ———£—ß 5 ℔—
Et pour la nouuelle reapreciation, du cent peſant, vn ſol. £—ß 1 ℔—
Raffes, ou rongneures de peaux, la balle cy-deuant taxée, deux ſols. £—ß 2 ℔—
Et pour la nouuelle reapreciation, le cent peſant, vn ſol. £—ß 1 ℔—
Raffes de verre, la quaiſſe cy-deuant taxée, vn ſol. ———£—ß 1 ℔—
Et pour la nouuelle reapreciation, du cent peſant, ſix den. £—ß—℔ 6
Reyfort, ou retailles de peaux, la charge cy-deuant taxée, quatre
ſols. ———————£—ß 4 ℔—
Et pour la nouuelle reapreciation, deux ſols. ———£—ß 2 ℔—
Reueſches de Poitou, la piece cy deuant taxée, ſept ſols ſix den. £—ß 7 ℔ 6
Et pour la nouuelle reapreciation, ———————neant.
Reueſches de Florence, la piece cy-deuant taxée, ſix liures treize
ſols quatre deniers. ———————£ 6 ß 13 ℔ 4
Et pour la nouuelle reapreciation, ſix liures. ———£ 6 ß—℔—
Riblon, le millier cy-deuant taxé, huict ſols. ———£—ß 8 ℔—
Et pour la nouuelle reapreciation, quatre ſols. ———£—ß 4 ℔—

Le

Le quintal, cy-deuant taxé, deux fols. ——— £—ß 2 ﹩—

Et pour la nouuelle reapreciation, vn fol. — £—ß 1 ﹩—

Rongneures de cartes, la charge cy-deuant taxée, trois fols. — £—ß 3 ﹩

Et pour la nouuelle reapreciation, du cent pefant, vn fol. £—ß 1 ﹩

Rongneures de leton, le quintal cy-deuant taxé, cinq fols. — £—ß 5 ﹩

Et pour la nouuelle reapreciation, trois fols. — £—ß 3 ﹩

Rondelles de Milan garnies de velours, la piece cy-deuant taxée,
vingt-cinq fols. ——— £ 1 ß 5 ﹩

Et pour la nouuelle reapreciation, ——— neant.

Rouchon, la balle cy-deuant taxée, vn fol fix deniers. — £—ß 1 ﹩ 6

Et pour la nouuelle reapreciation, le cent, fix deniers. — £—ß— ﹩ 6

Rouleaux d'Angleterre, la piece cy-deuãt taxée, quatre fols fix den. £—ß 4 ﹩ 6

Et pour la nouuelle reapreciation, vn fol fix deniers. — £—ß 1 ﹩ 6

Rozereaux, le timbre cy-deuant taxé, vingt fols. — £ 1 ß—﹩—

Et pour la nouuelle reapreciation, dix fols. — £—ß 10 ﹩—

Rozettes de France, & autres, la piece en lame, cy-deuant taxée,
quatre fols fix deniers. — £—ß 4 ﹩ 6

Et pour la nouuelle reapreciation, vn fol fix deniers. — £—ß 1 ﹩ 6

Roüets d'Arquebufe, voyez *Arquebufe.*

Rubans de Padouë, la balle cy-deuant taxéee, douze liures. — £ 12 ß—﹩—

Et pour la nouuelle reapreciation, la liure, vn fol. — £—ß 1 ﹩—

✳ —→

Efpiceries & Drogueries.

S

SAffran de France, le quintal cy-deuant taxé, huiﬆ liures. — £ 8 ß—﹩—

Pour les quatre pour cent cy-deuant taxez, trois liures. £ 3 ß—﹩—

La liure cy-deuant taxée, vn fol huiﬆ deniers. — £—ß 1 ﹩ 8

Et pour la nouuelle reapreciation, ——— à proportion.

Saffran eﬆranger, le quintal, pour tous droiﬆs, cy-deuant taxé,
vingt-trois liures fix fols huiﬆ deniers. — £ 23 ß 6 ﹩ 8

Et pour la nouuelle reapreciation, huiﬆ liures. — £ 8 ß—﹩—

La liure cy-deuant taxée, quatre fols huiﬆ deniers. — £—ß 4 ﹩ 8

Et pour la nouuelle reapreciation, ——— à proportion.

Saffran baﬆard, pour tous droiﬆs, le quintal cy-deuant taxé, vingt
fols. — £ 1 ß—﹩—

Et pour la nouuelle reapreciation, cinq fols. — £—ß 5 ﹩—

Sel gemmé, le quintal cy-deuant taxé, fix fols quatre deniers. — £—ß 6 ﹩ 4

Et pour la nouuelle reapreciation, vn fol huiﬆ deniers. — £—ß 1 ﹩ 8

Sel armoniac, le quintal cy-deuant taxé, trois liures deux fols fix
deniers. — £ 3 ß 2 ﹩ 6

Et pour la nouuelle reapreciation, ——— neant.

Pour

***** —— **R**

Ratine de Rouen, ou de Hollande Le quintal — 3.#

Rapatelle Voye queüe de finge Le quintal — 8.s

Ruban de foye Estrangere, ponceau ou
Cramoify La Livre — — — — — — — — — 1.# 12.s

Ruban Couleur ordinaire Estranger ou de Nimes
La Livre a — — — — — — — — — — — 16:s

Ras de St Lô Couleur Ecarlatte Le ⊘ — — — 2:# 24.s

Ras de St Lô Couleur ordinaire — — — — 2.# 5.s

Pour les quatre pour cent cy-deuant taxez, trois liures. —£ 3 ß — § —
Et pour la nouuelle reapreciation , ——————— ————— neant.
Salpeftre, le quintal cy deuant taxé , quatre fols trois deniers. —£— ß 4 § 3
Et pour la nouuelle reapreciation, fix fols neuf deniers. —£— ß 6 § 9
Pour les quatre pour cent cy· deuant taxez, douze fols. — £— ß 12 § —
Et pour la nouuelle reapreciation , ——————— ————— neant.
Salfe-pareille, le quintal cy-deuant taxé, trois liures deux fols fix
deniers. ————— ——————— ————— £ 3 ß 2 § 6
Et pour la nouuelle reapreciation, ———— ———— neant.
Pour les quatre pour cent cy deuant taxez, quatre liures. £— ß 4 § —
Et pour la nouuelle reapreciation, ——————— neant.
Sandal, le quintal cy deuant taxé, dix-fept fols fix deniers. ——£— ß 17 § 6
Et pour la nouuelle reapreciation, ——————— ——— neant.
Pour les quatre pour cent cy-deuant taxez, vingt fols, —£ 1 ß — § —
Et pour la nouuelle reapreciation, ——————— ————— neant.
Sandarache, le quintal cy-deuant taxé, quatre fols trois deniers. —£— ß 4 § 3
Et pour la nouuelle reapreciation, fix fols neuf deniers. —£— ß 6 § 9
Pour les quatre pour cent cy-deuant taxez, douze fols. £— ß 12 § —
Et pour la nouuelle reapreciation, huict fols. ——— ——£— ß 8 § —
Sang de dragon, le quintal cy-deuant taxé, trois liures deux fols
fix deniers. ————— ——————— ——— £ 3 ß 2 § 6
Et pour la nouuelle reapreciation, ——————— ——— neant.
Pour les quatre pour cent cy deuant taxez, douze liures. £ 12 ß — § —
Et pour la nouuelle reapreciation, ——————— ————— neant.
Sauon de Marfeille à petit pain, ou autre de France, le quintal cy-
deuant taxé, deux fols fix deniers. ——————— £— ß 2 § 6
Et pour la nouuelle reapreciation, cinq fols. ———— £— ß 5 § —
Sauon eftranger à petit pain & en plotte, le quintal cy-deuant ta-
xé, trois fols neuf deniers. ——————— £— ß 3 § 9
Et pour la nouuelle reapreciation, cinq fols trois deniers. £— ß 5 § 3
Pour les quatre pour cent cy-deuant taxez, fix fols. —£— ß 6 § —
Et pour la nouuelle reapreciation, fix fols. ———— £— ß 6 § —
Sauon de Gennes à grand pain, le quintal cy-deuant taxé, dix fols. £— ß 10 § —
Et pour la nouuelle reapreciation, deux fols fix deniers. £— ß 2 § 6
Pour les quatre pour cent cy deuant taxez, fix fols. —£— ß 6 § —
Et pour la nouuelle reapreciation, fix fols. ———— £— ß 6 § —
Sauon de Marfeille, & autre de France à grand pain, le quintal cy-
deuant taxé, cinq fols. ——————— £— ß 5 § —
Et pour la nouuelle reapreciation, cinq fols. ———— £— ß 5 § —
Salfafra, le quintal cy-deuant taxé, fept liures deux fols fix deniers. £ 7 ß 2 § 6
Et pour la nouuelle reapreciation, ——————— ————— neant.
Pour les quatre pour cent cy-deuant taxez, neuf liures. £ 9 ß — § —
Et pour la nouuelle reapreciation, ——————— ————— neant.
Scamonée, le quintal cy-deuant taxé, fept liures deux fols fix den. £ 7 ß 2 § 6

Et pour la nouuelle reapreciation, trois liures dix-sept fols
six deniers. ——————————————— ₶ 3 ß 17 𝔡 6
Pour les quatre pour cent cy-deuant taxez, neuf liures. ₶ 9 ß — 𝔡 —
Et pour la nouuelle reapreciation, neuf liures. —— ₶ 9 ß — 𝔡 —
Scauiſſon, le quintal cy-deuant taxé, quarante-fept fols fix den. ₶ 2 ß 7 𝔡 6
Et pour la nouuelle reapreciation, deux fols fix deniers. ₶ — ß 2 𝔡 6
Pour les quatre pour cent cy-deuant taxez, trois liures. ₶ 3 ß — 𝔡 —
Et pour la nouuelle reapreciation, vingt fols. —— ₶ 1 ß — 𝔡 —
Sebeftes, le quintal cy-deuant taxé, treize fols trois deniers. — ₶ — ß 13 𝔡 3
Et pour la nouuelle reapreciation, ———————————— neant.
Pour les quatre pour cent cy-deuant taxez, vingt fols. ₶ 1 ß — 𝔡 —
Et pour la nouuelle reapreciation, ———————————— neant.
Sené, le quintal cy-deuant taxé, treize fols trois deniers. —— ₶ — ß 13 𝔡 3
Et pour la nouuelle reapreciation, feize fols huict deniers. ₶ — ß 16 𝔡 8
Pour les quatre pour cent cy-deuant taxez, quarante fols. ₶ 2 ß — 𝔡 —
Et pour la nouuelle reapreciation, quarante fols. —— ₶ 2 ß — 𝔡 —
Sené grec, le quintal cy-deuant taxé, deux fols quatre deniers. — ₶ — ß 2 𝔡 4
Et pour la nouuelle reapreciation, deux fols quatre den. ₶ — ß 2 𝔡 4
Pour les quatre pour cent cy-deuant taxez, trois fols qua-
tre deniers. ——————————————— ₶ — ß 3 𝔡 4
Et pour la nouuelle reapreciation, quatre fols deux den. ₶ — ß 4 𝔡 2
Semencine, le quintal cy deuant taxé, trois liures. —— ₶ 3 ß — 𝔡 —
Et pour la nouuelle reapreciation, ——————— neant.
Pour les quatre pour cent cy-deuant taxez, douze liures. ₶ 12 ß — 𝔡 —
Et pour la nouuelle reapreciation, ——————— neant.
Semence de faulge, le quintal cy-deuant taxé, cinq fols dix den. ₶ — ß 5 𝔡 10
Et pour la nouuelle reapreciation, fix fols deux deniers. ₶ — ß 6 𝔡 2
Pour les quatre pour cent cy-deuant taxez, vingt-cinq fols
dix deniers. ——————————————— ₶ 1 ß 5 𝔡 10
Et pour la nouuelle reapreciation, voyez *Semence de Saul-
ge*, fix fols deux deniers. ——————————— ₶ — ß 6 𝔡 2
Semence de Venic, le quintal cy-deuant taxé, treize fols quatre
deniers. ——————————————— ₶ — ß 13 𝔡 4
Et pour la nouuelle reapreciation, voyez *Idem*, fix fols
deux deniers. ——————————————— ₶ — ß 6 𝔡 2
Pour les quatre pour cent cy-deuant taxez, vingt-cinq
fols trois deniers. ——————————— ₶ 1 ß 5 𝔡 3
Et pour la nouuelle reapreciation, onze fols neuf deniers. ₶ — ß 11 𝔡 9
Semorac, le quintal cy-deuant taxé, trois fols neuf deniers. —— ₶ — ß 3 𝔡 9
Et pour la nouuelle reapreciation, vn fol quatre deniers. ₶ — ß 1 𝔡 4
Pour les quatre pour cent cy-deuant taxez, quatre fols. ₶ — ß 4 𝔡 —
Et pour la nouuelle reapreciation, deux fols. ———— ₶ — ß 2 𝔡 —
Serapin, le quintal cy-deuant taxé, trois liures fix deniers. —— ₶ 3 ß — 𝔡 6
Et pour la nouuelle reapreciation, ———————— neant.

Sionac,

Sionac, le quintal cy-deuant taxé, trois sols neuf deniers. ——℔—ß 3 ℈ 9
    Et pour la nouuelle reapreciation, deux sols trois deniers. ℔—ß 2 ℈ 3
    Pour les quatre pour cent cy deuant taxez, quatre sols. ℔—ß 4 ℈—
    Et pour la nouuelle reapreciation, trois sols. ——℔—ß 3 ℈—
Souchet, ou Cypery, le quintal cy-deuant taxé, cinq sols. ——℔—ß 5 ℈—
    Et pour la nouuelle reapreciation, deux sols six deniers. ℔—ß 2 ℈ 6
Soulfre, le quintal cy-deuant taxé, quatre sols trois deniers. —℔—ß 4 ℈ 3
    Et pour la nouuelle reapreciation, neuf deniers. ℔—ß — ℈ 9
    Pour les quatre pour cent cy deuant taxez, deux sols. —℔—ß 2 ℈—
    Et pour la nouuelle reapreciation, douze sols. ——℔—ß 12 ℈—
Soulde, le quintal cy-deuant taxé, vn sol. ——℔—ß 1 ℈—
    Et pour la nouuelle reapreciation, deux sols. ——℔—ß 2 ℈—
Spermaceti, le quintal cy-deuant taxé, trois liures deux sols six
    deniers. ——————℔ 3 ß 2 ℈ 6
    Et pour la nouuelle reapreciation, sept sols six deniers. —℔—ß 7 ℈ 6
    Pour les quatre pour cent cy-deuant taxez, quatre liures. ℔ 4 ß — ℈—
    Et pour la nouuelle reapreciation, trois liures. ——℔ 3 ß — ℈—
Spica nardi, le quintal cy-deuant taxé, trois liures deux sols six den. ℔ 3 ß 2 ℈ 6
    Et pour la nouuelle reapreciation, vingt-deux sols six den. ℔ 1 ß 2 ℈ 6
    Pour les quatre pour cent cy-deuant taxez, cinq liures. ℔ 5 ß — ℈—
    Et pour la nouuelle reapreciation, trois liures. ——℔ 3 ß — ℈—
Spica Celtica, le quintal cy deuant taxé, treize sols trois deniers. ℔—ß 13 ℈ 3
    Et pour la nouuelle reapreciation, onze sols neuf deniers. ℔—ß 11 ℈ 9
    Pour les quatre pour cent cy-deuant taxez, seize sols. —℔—ß 16 ℈—
    Et pour la nouuelle reapreciation, seize sols. ——℔—ß 16 ℈—
Spica semence, pour tous droicts, cy-deuant taxez, trente-sept sols
    six deniers. ——————℔ 1 ß 17 ℈ 6
    Et pour la nouuelle reapreciation, voyez cy-dessus, onze
    sols neuf deniers. ——————℔—ß 11 ℈ 9
Spodij, le quintal cy-deuant taxé, treize sols quatre deniers. ——℔—ß 13 ℈ 4
    Et pour la nouuelle reapreciation, ——————neant.
    Pour les quatre pour cent cy deuant taxez, vingt sols. —℔ 1 ß — ℈—
    Et pour la nouuelle reapreciation, ——————neant.
Squinant, le quintal cy-deuant taxé, quinze sols. ——℔—ß 15 ℈—
    Et pour la nouuelle reapreciation, dix sols. ——℔—ß 10 ℈—
Stafisagre, le quintal cy-deuant taxé, cinq sols six deniers. ———℔—ß 5 ℈ 6
    Et pour la nouuelle reapreciation, quatre sols six deniers. ℔—ß 4 ℈ 6
    Pour les quatre pour cent cy-deuant taxez, quatre sols. ℔—ß 4 ℈—
    Et pour la nouuelle reapreciation, vingt six sols. ——℔ 1 ß 6 ℈—
Sticados, le quintal cy-deuant taxé, deux sols quatre deniers. —℔—ß 2 ℈ 4
    Et pour la nouuelle reapreciation, cinq sols deux deniers. ℔—ß 5 ℈ 2
    Pour les quatre pour cent cy deuant taxez, huict sols. —℔—ß 8 ℈—
    Et pour la nouuelle reapreciation, quatre sols. ——℔—ß 4 ℈—
Stincs, le quintal cy-deuant taxé, douze sols six deniers. ———℔—ß 12 ℈ 6

Et pour la nouuelle reapreciation, ———————————————— neant.

Storax rouge, le quintal cy-deuant taxé, vingt-neuf sols trois den. ₤ 1 ß 9 § 3

  Et pour la nouuelle reapreciation, vingt sols neuf deniers. ₤ 1 ß — § 9

  Pour les quatre pour cent cy-deuant taxez, quarante sols. ₤ 2 ß — § —

  Et pour la nouuelle reapreciation, quarante sols. ——— ₤ 2 ß — § —

Storax liquide, le quintal cy-deuant taxé, vingt-neuf sols trois den. ₤ 1 ß 9 § 3

  Et pour la nouuelle reapreciation, ———————————— neant.

  Pour les quatre pour cent cy deuant taxez, vingt sols. — ₤ 1 ß — § —

  Et pour la nouuelle reapreciation, quatre sols. ——— ₤ — ß 4 § —

Storax calamit, le quintal cy-deuant taxé, trente-deux sols six deniers. ———————————————— ₤ 1 ß 12 § 6

  Et pour la nouuelle reapreciation, sept sols six deniers. — ₤ — ß 7 § 6

  Pour les quatre pour cent cy-deuant taxez, quarante sols. ₤ 2 ß — § —

  Et pour la nouuelle reapreciation, vingt sols. ——— ₤ 1 ß — § —

Sublimé, le quintal cy-deuant taxé, treize sols quatre deniers. — ₤ — ß 13 § 4

  Et pour la nouuelle reapreciation, trois liures. ——— ₤ 3 ß — § —

  Pour les quatre pour cent cy-deuant taxez, douze sols. ₤ — ß 12 § —

  Et pour la nouuelle reapreciation, trois liures dix sols. — ₤ 3 ß 10 § —

Sucre fin de Valence, le quintal cy-deuant taxé, trente cinq sols. ₤ 1 ß 15 § —

  Et pour la nouuelle reapreciation, cinq sols. ——— ₤ — ß 5 § —

  Pour les quatre pour cent cy-deuant taxez, douze sols. — ₤ — ß 12 § —

  Et pour la nouuelle reapreciation, vingt sols. ——— ₤ 1 ß — § —

Sucre de Madere, Canarie, & Candie, le quintal cy-deuant taxé, vingt-cinq sols. ———————————————— ₤ 1 ß 5 § —

  Et pour la nouuelle reapreciation, dix sols. ——— ₤ — ß 10 § —

  Pour les quatre pour cent cy-deuant taxez, douze sols. ₤ — ß 12 § —

  Et pour la nouuelle reapreciation, vingt sols. ——— ₤ 1 ß — § —

Sucre de sainct Omer, & Cassonade, le quintal cy deuant taxé, douze sols six deniers. ——————————— ₤ — ß 12 § 6

  Et pour la nouuelle reapreciation, dix sols. ——— ₤ — ß 10 § —

  Pour les quatre pour cent cy-deuant taxez, douze sols. — ₤ — ß 12 § —

  Et pour la nouuelle reapreciation, vingt sols. ——— ₤ 1 ß — § —

Sumac, pour tous droicts, le quintal cy-deuant taxé, vingt-trois sols trois deniers. ———————————— ₤ 1 ß 3 § 3

  Et pour la nouuelle reapreciation, ———————————— neant.

Semence de graine de soye, la liure cy-deuant taxée, dix sols. — ₤ — ß 10 § —

  Et pour la nouuelle reapreciation, cinq sols. ——— ₤ — ß 5 § —

Semen ben, le quintal cy-deuant taxé, treize sols quatre deniers. — ₤ — ß 13 § 4

  Et pour la nouuelle reapreciation, ———————————— neant.

  Pour les quatre pour cent cy-deuant taxez, vingt-cinq sols trois deniers. ———————————————— ₤ 1 ß 5 § 3

  Et pour la nouuelle reapreciation, ———————————— neant.

Scorpion, le quintal cy-deuant taxé, douze sols six deniers. ——— ₤ — ß 12 § 6

  Et pour la nouuelle reapreciation, ———————————— neant.

Setune voyez appros . . . 4ᵗᵗ 10ˢ   Marchandises.

Suc ou jus de Reglisse a - - - 12ˢ

Marchandiſes.

Samis ſans ſoye, la piece cy-deuant taxée, vingt-vn ſol. ———— £ 1 ß 1 ♦ —
    Et pour la nouuelle reapreciation, trois ſols. ——— £ — ß 3 ♦ —
Samis de Florence, la liure cy-deuant taxée, dix-neuf ſols neuf den. £ — ß 19 ♦ 9
    Et pour la nouuelle reapreciation, cinq ſols. ———— £ — ß 5 ♦ —
Samis de Bologne & Naples, la liure cy-deuant taxée, dix-neuf
    ſols neuf deniers. ——————————— £ — ß 19 ♦ 9
    Et pour la nouuelle reapreciation, cinq ſols. ——— £ — ß 5 ♦ —
Sangles, la charge de trois quintaux, cy-deuant taxée, quinze ſols. £ — ß 15 ♦ —
    Et pour la nouuelle reapreciation, le cent cinq ſols. ——— £ — ß 5 ♦ —
Sarges d'Aſcot larges, la piece cy-deuant taxée, douze ſols ſix den. £ — ß 12 ♦ 6
    Et pour la nouuelle reapreciation, deux ſols ſix deniers. £ — ß 2 ♦ 6
Sarges d'Aſcot eſtroittes, la piece cy-deuant taxée, ſix ſols trois
    deniers. ——————————————— £ — ß 6 ♦ 3
    Et pour la nouuelle reapreciation, vn ſol trois deniers. — £ — ß 1 ♦ 3
Sarges d'Arras, la piece cy deuant taxée, neuf ſols. ——— £ — ß 9 ♦ —
    Et pour la nouuelle reapreciation, quinze ſols. ——— £ — ß 15 ♦ —
Sarges d'Amiens larges, la piece cy-deuant taxée, huiĉt ſols. — £ — ß 8 ♦ —
    Et pour la nouuelle reapreciation, trois ſols. ——— £ — ß 3 ♦ —
Sarges de Florence, Gennes, Lucques, Milan, & autres eſtrangeres
    ſemblables, la balle n'excedant deux quintaux, cy-de-
    uant taxée, vingt liures. ———————— £ 20 ß — ♦ —
    Et pour la nouuelle reapreciation, la piece quatre liures. £ 4 ß — ♦ —
    Le ballon de deux pieces, cy-deuant taxé, douze liures. £ 12 ß — ♦ —
    Et pour la nouuelle reapreciation, la piece, quatre liures. £ 4 ß — ♦ —
Sarges de Paris, Caën, & autres ſemblables, le fonds n'excedant
45 ᵉle quinᵗᵃˡ quatre quintaux, cy-deuant taxez, cinq liures. ——— £ 5 ß — ♦ —
    Et pour la nouuelle reapreciation, la piece huiĉt ſols. — £ — ß 8 ♦ —
Sarges d'Orleans, le fonds, charge, ou platteau, n'excedant quatre
    quintaux, cy-deuant taxé, cinq liures. ——— £ 5 ß — ♦ —
    Et pour la nouuelle reapreciation, la piece, trois ſols. — £ — ß 3 ♦ —
    La piece deſdites Sarges cy-deuant taxée, cinq ſols. — £ — ß 5 ♦ —
    Et pour la nouuelle reapreciation, trois ſols. ——— £ — ß 3 ♦ —
Sarges de Tours, le fonds ou charge cy-deuant taxé, trois liures. £ 3 ß — ♦ —
    Et pour la nouuelle reapreciation, trois ſols. ——— £ — ß 3 ♦ —
    Et la piece deſdites Sarges cy-deuant taxée, trois ſols. — £ — ß 3 ♦ —
    Et pour la nouuelle reapreciation, trois ſols. ——— £ — ß 3 ♦ —
Sarges de ſoye de Veniſe, la liure cy-deuant taxée, vingt-trois ſols. £ 1 ß 3 ♦ —
    Et pour la nouuelle reapreciation, ſept ſols. ——— £ — ß 7 ♦ —
Sarges de ſoye de Gennes, la liure cy-deuant taxée, dix-huiĉt ſols
    trois deniers. ——————————— £ — ß 18 ♦ 3
    Et pour la nouuelle reapreciation, cinq ſols neuf deniers £ — ß 5 ♦ 9
    La piece, pour le mandement, cy-deuant taxée, trente ſols. £ 1 ß 10 ♦ —

Sarges de Sᵗ Murant et Poitou a . . 1ˡ 8 4ᵈ S   Et
Sarges d'ypres La piece — - - - 15ˢ
Sarges de Caen a 45ˢ le ᵒ⁄ₒ
Sarges de Chalons a 5ˡⁱ 10ˢ

*Sarges de Seignelay, Tournay et autres comme
Sarge de Londres La piece de 20 aul? cy ... 20ſ*

70

  Et pour la nouuelle reapreciation, ———————————— neant.
Sarges de ſoye de Florence, Bologne & Naples, la liure cy-deuant
  taxée, dix-neuf ſols neuf deniers. ——— ₶ — ß 19 ₰ 9
  Et pour la nouuelle reapreciation, ſix ſols. ——— ₶ — ß 6 ₰ —
Sarges de ſoye, violettes ou incarnattes, la liure cy-deuant taxée,
  trente-neuf ſols. ——— ₶ 1 ß 19 ₰ —
  Et pour la nouuelle reapreciation, neuf ſols. ——— ₶ — ß 9 ₰ —
Sarges & Cadits de Niſmes, la charge de trois quintaux, cy-deuant
  taxée, quatre liures. ——— ₶ 4 ß — ₰ —
  Et pour la nouuelle reapreciation, la piece trois ſols. — ₶ — ß 3 ₰ —
Sarges teintes en ſoye, la piece cy-deuant taxée, dix ſols. ——— ₶ — ß 10 ₰ —
  Et pour la nouuelle reapreciation, cinq ſols. ——— ₶ — ß 5 ₰ —
Sarge my ſoye, la piece cy-deuãt taxée, dix-huict ſols trois deniers. ₶ — ß 18 ₰ 3
  Et pour la nouuelle reapreciation, trois ſols neuf deniers. ₶ — ß 3 ₰ 9
Sargette, la charge cy deuant taxée, quinze ſols. ——— ₶ — ß 15 ₰ —
  Et pour la nouuelle reapreciation, le cent douze ſols. — ₶ — ß 12 ₰ —
Sargettes de Milan, la piece cy-deuant taxée, cinquante ſols. — ₶ 2 ß 10 ₰ —
  Et pour la nouuelle reapreciation, huict ſols. ——— ₶ — ß 8 ₰ —
Sarges, & Eſtamet de Milan, la piece cy-deuant taxée, quarante ſols. ₶ 2 ß — ₰ —
  Et pour la nouuelle reapreciation, ſix ſols. ——— ₶ — ß 6 ₰ —
Serges de Geneve, le quintal cy-deuant taxé, vingt-cinq ſols. — ₶ 1 ß 5 ₰ —
  Et pour la nouuelle reapreciation, la piece trois ſols. — ₶ — ß 3 ₰ —
Satins de Bruges, la piece cy-deuant taxée, quinze ſols. ——— ₶ — ß 15 ₰ —
  Et pour la nouuelle reapreciation, dix ſols. ——— ₶ — ß 10 ₰ —
Satins auec or ou argent, la liure cy-deuant taxée, trente-ſix ſols. ₶ 1 ß 16 ₰ —
  Et pour la nouuelle reapreciation, neuf ſols. ——— ₶ — ß 9 ₰ —
Satins brochez d'or & d'argent riches, la liure cy-deuant taxée,
  quatre liures vn ſol. ——— ₶ 4 ß 1 ₰ —
  Et pour la nouuelle reapreciation, neuf ſols. ——— ₶ — ß 9 ₰ —
Satins brochez communs, la liure cy-deuant taxée, cinquante-
  huict ſols trois deniers. ——— ₶ 2 ß 18 ₰ 3
  Et pour la nouuelle reapreciation, ſix ſols neuf deniers. ₶ — ß 6 ₰ 9
Satins brochez de Veniſe, la liure cy-deuant taxée, vingt-trois ſols. ₶ 1 ß 3 ₰ —
  Et pour la nouuelle reapreciation, cinq ſols. ——— ₶ — ß 5 ₰ —
Satins de Gennes, la liure cy-deuant taxée, dix-huict ſols quatre
  deniers. ——— ₶ — ß 18 ₰ 4
  Et pour la nouuelle reapreciation, cinq ſols. ——— ₶ — ß 5 ₰ —
  Et la piece, pour le mandement, cy-deuant taxée, trois
  liures. ——— ₶ 3 ß — ₰ —
  Et pour la nouuelle reapreciation, ————————— neant.
Satins de Florence, la liure cy-deuant taxée, dix-neuf ſols neuf den. ₶ — ß 19 ₰ 9
  Et pour la nouuelle reapreciation, quatre ſols trois deniers. ₶ — ß 4 ₰ 3
Satins de Bolongne & Naples, la liure cy-deuant taxée, dix-neuf
  ſols neuf deniers. ——— ₶ — ß 19 ₰ 9

                   Et

*Sarge d'aumale a . 45ſ le quintal
Sarge de St Lô a . 45ſ le quintal
Sarge de Beauuoisis couleur ecarlatte 45ſ du 0/0*

Et pour la nouuelle reapreciation, quatre fols trois deniers. ℔—ß 4 § 3
Satins de Milan, la liure cy-deuant taxée, dix-huiȼt fols trois den. ℔—ß 18 § 3
Et pour la nouuelle reapreciation, quatre fols neuf den. ℔—ß 4 § 9
Satins de Lucques, la liure cy-deuant taxée, dix-fept fols trois den. ℔—ß 17 § 3
Et pour la nouuelle reapreciation, quatre fols neuf den. ℔—ß 4 § 9
Satins violets, ou incarnats cramoyfi, de Venife, Florence, Milan,
Naples & Lucques, la liure cy-deuant taxée, trente-
neuf fols. ──────────────── ℔ 1 ß 19 §—
Et pour la nouuelle reapreciation, neuf fols. ──── ℔—ß 9 §—
Satins de foye rouge cramoyfi defdits lieux, la liure cy-deuant
taxée, quarante-huiȼt fols neuf deniers. ──── ℔ 2 ß 8 § 9
Et pour la nouuelle reapreciation, huiȼt fols neuf deniers. ℔—ß 8 § 9
Satins brochez communs, la liure cy deuant taxée, cinquante-
huiȼt fols trois deniers. ────────── ℔ 2 ß 18 § 3
Et pour la nouuelle reapreciation, voyez cy-deffus pareil
article. ──────────────
Sauuagines & Renards eftrangers, la balle cy-deuant taxée, trois
liures dix fols. ──────────── ℔ 3 ß 10 §—
Et pour la nouuelle reapreciation, le cent dix fols. ── ℔—ß 10 §—
Sauuagines & Renards de France, la balle cy-deuant taxée, qua-
rante fols. ──────────── ℔ 2 ß—§—
Et pour la nouuelle reapreciation, neuf deniers. ── ℔—ß—§ 9
Et le quintal cy-deuant taxé, vingt-fix fols huiȼt deniers. ℔ 1 ß 6 § 8
Et pour la nouuelle reapreciation, ──────── à proportion.
Sandres grauellées, les cent liures cy-deuant taxées, deux fols fix
deniers. ──────────── ℔—ß 2 § 6
Et pour la nouuelle reapreciation, fept fols fix deniers. ─℔—ß 7 § 6
Scampoulon, la balle cy-deuant taxée, trente fols. ──── ℔ 1 ß 10 §—
Et pour la nouuelle reapreciation, le cent pefant, dix fols. ℔—ß 10 §—
Seilles ou berceaux, la charge cy-deuant taxée, deux fols. ── ℔—ß 2 §—
fa douz... Et pour la nouuelle reapreciation, fix deniers. ── ℔—ß—§ 6
Sarges d'Orleans, le quintal cy-deuant taxé, trente-deux fols. ─℔ 1 ß 12 §—
Et pour la nouuelle reapreciation, dix-huiȼt fols. ── ℔—ß 18 §—
Seintures & pendans auec or & argent, la piece cy-deuant taxée,
dix fols. ──────────── ℔—ß 10 §—
Et pour la nouuelle reapreciation, cinq fols. ── ℔—ß 5 §—
Seilles blanches, la charge cy-deuant taxée, deux fols fix deniers. ℔—ß 2 § 6
Et pour la nouuelle reapreciation, huiȼt deniers. ── ℔—ß—§ 8
Seilles eftrangeres, la charge cy-deuant taxée, quatre fols fix den. ℔—ß 4 § 6
Et pour la nouuelle reapreciation, vn fol fix deniers. ─℔—ß 1 § 6
Serrures, la paire cy-deuant taxée, trois deniers. ──── ℔—ß—§ 3
Et pour la nouuelle reapreciation, vn denier. ──── ℔—ß—§ 1
Seruelettes du pays, & autres, la balle cy-deuant taxée, dix fols. ─℔—ß 10 §—
Et pour la nouuelle reapreciation, cinq fols. ──── ℔—ß 5 §—

Seruiettes

72

Seruiettes, la piece cy-deuant taxée, deux sols. ——————————ℓ—ß 2 ẞ—
    Et pour la nouuelle reapreciation, trois sols. ——————ℓ—ß 3 ẞ—
Seruiettes de Flandres, la piece cy-deuant taxée, douze sols six den. ℓ—ß 12 ẞ 6
    Et pour la nouuelle reapreciation, sept sols six deniers. ℓ—ß 7 ẞ 6
Sonat, ou mouton en blancherie, la balle cy-deuant taxée, sept
    sols. ————————————————————————ℓ—ß 7 ẞ—
    Et pour la nouuelle reapreciation, trois sols. —————ℓ—ß 3 ẞ—
Sochons, la tonnette cy-deuant taxée, cinq sols. —————ℓ—ß 5 ẞ—
    Et pour la nouuelle reapreciation, vn sol. —————ℓ—ß 1 ẞ—
    Le quintal, deux sols. ——————————————ℓ—ß 2 ẞ—
    Et pour la nouuelle reapreciation, ———————————à proportion.
Soufflet de Mareschal, la paire, vn sol trois deniers. ———ℓ—ß 1 ẞ 3
    Et pour la nouuelle reapreciation, deux sols neuf deniers. ℓ—ß 2 ẞ 9
Souliers, la charge cy-deuant taxée, dix sols. ——————ℓ—ß 10 ẞ—
    Et pour la nouuelle reapreciation, cinq sols. ————ℓ—ß 5 ẞ—
Soyes de mer, Rege, Mamodée, Caderne, Ardesse, Canane, Belle-
    done, & autres semblables, la charge de cent soixante,
    poids de marc, cy-deuant taxée, douze liures dix sols. ℓ 12 ß 10 ẞ—
    Et pour la nouuelle reapreciation, la liure, cinq sols. —ℓ—ß 5 ẞ—
Soyes cruës de Messine, Barbarin, Bassin, Vincence, Alsire & Ar-
    meries, la balle de cent soixante, poids de marc, cy-
    deuant taxée, treize liures dix sols. ——————ℓ 13 ß 10 ẞ—
    Et pour la nouuelle reapreciation, la liure, six sols. ——ℓ—ß 6 ẞ—
Soyes cruës de Vincence & autres lieux ouurées, filées, torses &
    manufacturées, la balle de cent soixante, poids de marc,
    cy-deuant taxée, dix-neuf liures dix sols. ———ℓ 19 ß 10 ẞ—
    Et pour la nouuelle reapreciation, la liure, sept sols six
    deniers. ————————————————————ℓ—ß 7 ẞ 6
Soyes teintes noires, & couleurs sans cramoysi, la liure cy-deuant
    taxée, dix sols six deniers. ————————ℓ—ß 10 ẞ 6
    Et pour la nouuelle reapreciation, trois sols. ————ℓ—ß 3 ẞ—
Soye rouge cramoysi, la balle cy-deuant taxée, vingt-cinq sols. —ℓ 1 ß 5 ẞ—
    Et pour la nouuelle reapreciation, cinq sols. ————ℓ—ß 5 ẞ—
Soye violette, incarnatte, ou cramoysi, de Tours, la liure cy-de-
    uant taxée, huict sols. ——————————————ℓ—ß 8 ẞ—
    Et pour la nouuelle reapreciation, deux sols. ————ℓ—ß 2 ẞ—
Soye teinte en France, la liure cy-deuant taxée, deux sols six den. ℓ—ß 2 ẞ 6
    Et pour la nouuelle reapreciation, vn sol six deniers. —ℓ—ß 1 ẞ 6
Seintures, flasques garnies de leurs puluerins, escarcelles & four-
    reaux d'espée de velours, la douzaine cy-deuant taxée,
    treize sols six deniers. ——————————————ℓ—ß 13 ẞ 6
    Et pour la nouuelle reapreciation, ——————————neant.
Sitrins taillez, la balle cy-deuant taxée, vn sol. ——————ℓ—ß 1 ẞ—
    Et pour la nouuelle reapreciation, trois deniers. ———ℓ—ß—ẞ 3
                                                                          Sable

+

Observation sur les Soye

Par Edit du Moics de Janvier 1722. Le Roy a Confirmé Le passage des Soyes par Lion & Supprimé Le Droit de 20.ᶜ par quintal de Soye Etrangere et Ordonné qu'a Commencer du 1.ᵉʳ 1.ᵉʳ Jour 1722. il sera Leué a perpetuité 14.ᶜ par Liure de Soye Etrangere & trois Sols Six deniers par Liure de Soye originaire

Par Arrest du 20 Janvier 1722. Le Roy Cedde a La Ville de Lyon pour 20 annees Les Droits Establis sur Les Soyes par Les sudᵗˢ Edits, qu'ils se feront perceuoir a Leur profit &ᶜ

Sable du Pont de Royant, venant du Dauphiné, la charge cy-de-
uant taxée, deux fols. ————————————— ₶—ß 2 ⸹—
    Et pour la nouuelle reapreciation, ————————— neant.
Sablon d'Eſtampes, le quintal cy-deuant taxé, deux fols ſix den. ₶—ß 2 ⸹ 6
    Et pour la nouuelle reapreciation, ——————————neant.
Sardines d'Eſpagne, le baril, vn fol. ————————— ₶—ß 1 ⸹—

❋

Eſpiceries & Drogueries.

T
Amaris, le quintal cy-deuant taxé, dix-ſept fols ſix deniers. ₶—ß 17 ⸹ 6
    Et pour la nouuelle reapreciation, ſept fols ſix deniers. ₶—ß 7 ⸹ 6
    Pour les quatre pour cent cy-deuant taxez, vingt fols. —₶ 1 ß —⸹—
    Et pour la nouuelle reapreciation, vingt fols. ———₶ 1 ß —⸹—
Terre de Moulard, le baril cy-deuant taxé, dix deniers. ——₶—ß —⸹ 10
    Et pour la nouuelle reapreciation, deux deniers. ——₶—ß —⸹ 2
Terra merita, ou courconnie, le quintal cy-deuant taxé, treize fols
    trois deniers, ————————————————₶—ß 13 ⸹ 3
    Et pour la nouuelle reapreciation, ſix fols neuf deniers. ₶—ß 6 ⸹ 9
    Pour les quatre pour cent cy-deuant taxez, dix fols. —₶—ß 10 ⸹—
    Et pour la nouuelle reapreciation, douze fols. ———₶—ß 12 ⸹—
Terre rouge, le quintal cy-deuant taxé vn fol trois deniers. ——₶—ß 1 ⸹ 3 .
    Et pour la nouuelle reapreciation, ———————————neant.
Tercelin, pour tous droicts, la piece cy-deuant taxée, ſept fols ſix
    deniers. ——————————————————₶—ß 7 ⸹ 6
    Et pour la nouuelle reapreciation, ————————neant.
Tournefol, ou orſeille, le quintal cy-deuant taxé, trente-deux fols
    ſix deniers. ——————————————₶ 1 ß 12 ⸹ 6
    Et pour la nouuelle reapreciation, ————————— neant.
    Pour les quatre pour cent cy-deuant taxez, vingt fols. —₶ 1 ß —⸹—
    Et pour la nouuelle reapreciation, ————————— neant.
Tournefol de France en drapeau, le quintal cy-deuant taxé, vingt-
    deux fols ſix deniers. —————————————₶ 1 ß 2 ⸹ 6
    Et pour la nouuelle reapreciation, ————————neant.
Tournefol, ou orſeille de France, le quintal cy-deuant taxé, dix fols. ₶—ß 10 ⸹—
    Et pour la nouuelle reapreciation, ————————— neant.
Tournefol de Flandres, cy-deuant taxé, cinquante-ſept fols ſix
    deniers. ——————————————————₶ 2 ß 17 ⸹ 6
    Et pour la nouuelle reapreciation, ————————— neant.
Therebentine de Venife, cy-devant taxée, trente-deux fols ſix den. ₶ 1 ß 12 ⸹ 6
    Et pour la nouuelle reapreciation, ——————————neant.
    Pour les quatre pour cent cy-deuant taxez, trente fols. —₶ 1 ß 10 ⸹—

T

Et

Et pour la nouuelle reapreciation, —————————————————neant.

Therebentine de Pays, le quintal cy-devant taxé, deux sols. —ℓ—ß 2 ℔—

Et pour la nouuelle reapreciation, treize sols. —————ℓ—ß 13 ℔—

Therebentine grosse de Suisse, le quintal, douze sols six deniers. ℓ—ß 12 ℔ 6

Et pour la nouuelle reapreciation, ——————————neant.

Pour les quatre pour cent cy-deuant taxez, dix sols. —ℓ—ß 10 ℔—

Et pour la nouuelle reapreciation, 2 ℔y —————————— neant. 2

Turbit, le quintal cy-deuant taxé, sept liures deux sols six deniers. ℓ 7 ß 2 ℔ 6

Et pour la nouuelle reapreciation, ——————————neant.

Pour les quatre pour cent cy-deuant taxez, quarante liures. ——————————ℓ 40 ß — ℔ —

Et pour la nouuelle reapreciation, ——————————neant.

Tutie, le quintal cy-deuant taxé, trois liures deux sols six deniers. ℓ 3 ß 2 ℔ 6

Et pour la nouuelle reapreciation, ——————————neant.

Terre sizelée, le quintal, pour tous droicts, cy-deuant taxé, cinquante sols. ——————————ℓ 2 ß 10 ℔—

Et pour la nouuelle reapreciation, ——————————neant.

Tal de Venise, le quintal cy-deuant taxé, pour tous droicts, trente sols. ——————————ℓ 1 ß 10 ℔—

Et pour la nouuelle reapreciation, ——————————neant.

Tal, le quintal cy-deuant taxé, cinquante sols. ——————————ℓ 2 ß 10 ℔—

Et pour la nouuelle reapreciation, ——————————neant.

Pour les quatre pour cent cy-deuant taxez, trois liures. ℓ 3 ß — ℔—

Et pour la nouuelle reapreciation, ——————————neant.

*oruielan ou*Theriaque, le quintal, pour tous droicts, cy-deuant taxé, cinq liures. ℓ 5 ß — ℔—

Et pour la nouuelle reapreciation, trois liures dix sols. —ℓ 3 ß 10 ℔—

Tripoly, le quintal cy-deuant taxé, deux sols six deniers. ——ℓ—ß 2 ℔ 6

Et pour la nouuelle reapreciation, ——————————neant.

Tripoly de Barbarie, le quintal cy-deuant taxé, cinq sols. ——ℓ—ß 5 ℔—

Et pour la nouuelle reapreciation, ——————————neant.

Tarta ou graye de Tonneau Le quintal 3ℓ 6.ᵈ

Terre de Misie Le Cent pesant _ _ _ _ _ 3ℓ 6.ᵈ

Marchandises.

Tapisseries d'Auuergne Le Cent pesant _ _ _ 5ℓ 11ˢ 8.ᵈ

Tabis de soye de Venise broché d'or, cy-deuant taxé, cinquante huict sols trois deniers. ——————————ℓ 2 ß 18 ℔ 3

Et pour la nouuelle reapreciation, six sols neuf deniers. ℓ—ß 6 ℔ 9

Tabis & Taffetas de soye de Venise, la liure cy-deuant taxée, vingt-trois sols. ——————————ℓ 1 ß 3 ℔—

Et pour la nouuelle reapreciation, cinq sols. ——ℓ—ß 5 ℔—

La piece cy-deuant taxée, trente sols. ——ℓ 1 ß 10 ℔—

Et pour la nouuelle reapreciation, ——————————neant.

Tabis de Venise, auec or battu, la liure cy-deuant taxée, trente-six sols. ——————————ℓ 1 ℔ 16 ℔—

Tableaux de France, Voyez Images ou peintures a _ _ _ _ _ _ _ _ 1ˡⁱᵛ 7ˢ 6.ᵈ

Et

Et pour la nouuelle reapreciation, dix ſols. — — — — £ — ß 10 ß —

Tabis avec or, frizez & releuez, la livre cy-deuant taxée, quatre
    liures vn ſol. — — — — — — — — — £ 4 ß 1 ß —

Et pour la nouuelle reapreciation, onze ſols. — — — £ — ß 11 ß —

Tableaux ſur bois, de Flandres, le quintal cy-deuant taxé, vingt-
    cinq ſols. — — — — — — — — — £ 1 ß 5 ß —

Et pour la nouuelle reapreciation, vingt cinq ſols. — — £ 1 ß 5 ß —

Taffetas auec or & argent, la liure cy-deuant taxée, trente-ſix ſols. £ 1 ß 16 ß —

Et pour la nouuelle reapreciation, dix ſols. — — — £ — ß 10 ß —

Taffetas de Florence, Bolongne & Naples, la liure cy-devant ta-
    xée, dix-neuf ſols neuf deniers. — — — — — £ — ß 19 ß 9

Et pour la nouuelle reapreciation, cinq ſols trois deniers. £ — ß 5 ß 3

Taffetas de Milan, la liure cy-deuant taxée, dix-huit ſols quatre
    deniers. — — — — — — — — — £ — ß 18 ß 4

Et pour la nouuelle reapreciation, cinq ſols huict deniers. £ — ß 5 ß 8

Taffetas de Lucques, la liure cy-deuant taxée, dix-ſept ſols trois
    deniers. — — — — — — — — — £ — ß 17 ß 3

Et pour la nouuelle reapreciation, cinq ſols trois deniers. £ — ß 5 ß 3

Taffetas de ſoye rouge cramoyſi, de Veniſe, Florence, Milan, Na-
    ples, & Lucques, la liure cy-deuant taxée, quarante-
    huict ſols neuf deniers. — — — — — — £ 2 ß 8 ß 9

Et pour la nouuelle reapreciation, huict ſols trois deniers. £ — ß 8 ß 3

Taffetas violets ou incarnats cramoyſi, la liure cy-devant taxée,
    trente-neuf ſols. — — — — — — — £ 1 ß 19 ß —

Et pour la nouuelle reapreciation, dix ſols. — — — £ — ß 10 ß —

Taffetas, ou autres draps de ſoye, raz de Tours, la liure cy-deuant
    taxée, quatre ſols. — — — — — — — £ — ß 4 ß —

Et pour la nouuelle reapreciation, ſix ſols. — — — £ — ß 6 ß —

Taffetas, ou autres draps de ſoye razez, cramoyſi de Tours, la liure
    cy-deuant taxée, neuf ſols. — — — — — £ — ß 9 ß —

Et pour la nouuelle reapreciation, ſept ſols. — — — £ — ß 7 ß —

Tapis quarrez en laine, la piece cy-deuant taxée, quatre ſols ſix
    deniers. — — — — — — — — — £ — ß 4 ß 6

Et pour la nouuelle reapreciation, vn ſol ſix deniers. — £ — ß 1 ß 6

Tapis de Turquie, la balle cy-deuant taxée, cinq liures. — £ 5 ß — ß —

Et pour la nouuelle reapreciation, la piece, vingt ſols. — £ 1 ß — ß —

Tapis d'Auuergne, la charge du poids de trois quintaux, cy-de-
    uant taxée, trente ſols. — — — — — — £ 1 ß 10 ß —

Et pour la nouuelle reapreciation, le cent peſant, dix ſols. £ — ß 10 ß —

Taffetas de Gennes, & armoyſin, la liure cy-deuant taxée, dix-
    huict ſols quatre deniers. — — — — — £ — ß 18 ß 4

Et pour la nouuelle reapreciation, ſept ſols huict deniers. £ — ß 7 ß 8

Pour les mandemens, chaque piece, trente ſols. — — £ 1 ß 10 ß —

Et pour la nouuelle reapreciation, — — — — — — neant.

Taffetas

Taffetas de Geneue & Auignon, la liure cy-devant taxée, dix-
    huit fols trois deniers. ———————————————ℓ—ß 18 ℥ 3
      Et pour la nouuelle reapreciation, fept fols neuf deniers. ℓ—ß 7 ℥ 9
Tapis de Turquie, la piece cy-deuant taxée vingt fols. ————ℓ 1 ß— ℥—
      Et pour la nouuelle reapreciation, vingt fols. ————ℓ 1 ß— ℥—
Tapis de Turquie avec foye & or, la piece cy-deuant taxée, fix
    liures cinq fols. ———————————————ℓ 6 ß 5 ℥—
      Et pour la nouuelle reapreciation, quatre liures. ——ℓ 4 ß— ℥—
Tapis poil de chien, la piece cy-deuant taxée, vn fol. ———ℓ— ß 1 ℥—
      Et pour la nouuelle reapreciation, deux fols. ——ℓ— ß 2 ℥—
Tapifferies de Venife, auec foye & fil, la liure cy-deuant taxée,
    onze fols fix deniers. ———————————————ℓ— ß 11 ℥ 6
      Et pour la nouuelle reapreciation, deux fols fix deniers. ℓ— ß 2 ℥ 6
Tapifferies de cuir doré d'Efpagne, & autres lieux eftrangers, la
    balle cy-deuant taxée, huict liures. ————ℓ 8 ß— ℥—
      Et pour la nouuelle reapreciation, quarante fols. ——ℓ 2 ß— ℥—
Tapifferies de cuir ouuré de foye, la douzaine cy-deuant taxée,
    cinq fols. ———————————————ℓ— ß 5 ℥—
      Et pour la nouuelle reapreciation, vn fol. ———ℓ— ß 1 ℥—
Tapifferies de Flandres, le fonds ou charge de quatre quintaux,
    vingt-quatre liures. ———————————————ℓ 24 ß— ℥—
      Et pour la nouuelle reapreciation, le cent pefant, quatre
    liures. ———————————————ℓ 4 ß— ℥—
Tapifferies de Flandres, auec or, argent, & foye, la piece cy-de-
    uant taxée, dix-huict liures quinze fols. ————ℓ 18 ß 15 ℥—
      Et pour la nouuelle reapreciation, fix liures. ——ℓ 6 ß— ℥—
Tapifferies de Flandres auec foye, le fonds de quatre quintaux cy-
    deuant taxé, trente-cinq liures. ————ℓ 35 ß— ℥—
      Et pour la nouuelle reapreciation, le cent pefant, fix liures
    cinq fols. ———————————————ℓ 6 ß 5 ℥—
Tapifferies de fueilletin, la charge de trois quintaux cy-deuant
    taxée, cinquante fols. ————————————ℓ 2 ß 10 ℥—
      Et pour la nouuelle reapreciation, le cent pefant, vingt-
    quatre fols. ———————————————ℓ 1 ß 4 ß—
      Le quintal cy-deuant taxé, feize fols huict deniers. —ℓ— ß 16 ℥ 8
      Et pour la nouuelle reapreciation, *Idem*, côme à la charge.
Tapifferies d'Auuergne & la Marche, la charge cy-deuant taxée,
    cinquante fols. ———————————————ℓ 2 ß 10 ℥—
      Et pour la nouuelle reapreciation, le cent pefant, quatre
    liures quinze fols. ————————————ℓ 4 ß 15 ℥—
Tapifferies de Bourgongne, Bergame, & Efpagne, cuir doré, la bal-
    le cy-deuant taxée, huit liures. ————————ℓ 8 ß— ℥—
      Et pour la nouuelle reapreciation, le cent pefant, qua-
    rante fols. ———————————————ℓ 2 ß— ℥—

Tharots,

Tharots, la quaiſſe cy-devant taxée, neuf liures. ————————ℓ 9 ß —ᵭ—
    Et pour la nouuelle reapreciation , ————————————neant.
Thaulles de fer à harnois , & autres choſes, le quintal cy-deuant
    taxé, trois ſols. ————————————ℓ— ß 3 ᵭ—
    Et pour la nouuelle reapreciation, vn ſol. ————ℓ— ß 1 ᵭ—
Thaulles de fer pour harnois, & autres eſtrangeres, le quintal cy-
    deuant taxé, quatre ſols ſix deniers. ——————ℓ— ß 4 ᵭ 6
    Et pour la nouuelle reapreciation , vn ſol ſix deniers. —ℓ— ß 1 ᵭ 6
Thaulaches & eſpieux,de Milan & autres lieux,la piece cy-deuant
    taxée, ſix ſols huiċt deniers. ————————ℓ— ß 6 ᵭ 8
    Et pour la nouuelle reapreciation , ————————neant.
Thaulaches ou rondelles de Milan , garnies de velours, la piece
    cy-deuant taxée, dix ſols. ————————ℓ— ß 10 ᵭ—
    Et pour la nouuelle reapreciation , ————————neant.
Timbres de martres ſublines,l'vn portant l'autre,cy-deuant taxez,
    cinquante liures. ————————————ℓ 50 ß— ᵭ—
    Et pour la nouuelle reapreciation , dix livres. ——ℓ 10 ß— ᵭ—
Tirtaines & doubleures,la charge cy-deuant taxée, trois liures ſix
    ſols. ————————————————ℓ 3 ß 6 ᵭ—
    Et pour la nouuelle reapreciation, le cent peſant, dix ſols.ℓ— ß 10 ᵭ—
Toilles d'or & d'argent riches , pour tous droiċts , ſera payé pour
    chacune liure de ſeize onces net, poids de marc, qua-
    tre liures treize ſols quatre deniers. ————ℓ 4 ß 13 ᵭ 4
    Et pour la nouuelle reapreciation,ſix ſols huiċt deniers. —ℓ— ß 6 ᵭ 8
Toilles d'or & d'argent pleines , figurées avec or ou argent,la liure
    cy deuant taxée, trente-ſix ſols. ————ℓ 1 ß 16 ᵭ—
    Et pour la nouuelle reapreciation, dix ſols. ————ℓ— ß 10 ᵭ—
Toilles de ſoye , la liure cy-deuant taxée,vingt-ſept ſols neuf den.ℓ 1 ß 7 ᵭ 9
    Et pour la nouuelle reapreciation, neuf ſols trois deniers.ℓ— ß 9 ᵭ 3
Toilles de Conſtance,la charge cy-deuant taxée , ſix liures quinze
    ſols. ————————————————ℓ 6 ß 15 ᵭ—
    Et pour la nouuelle reapreciation,le cent peſant,dix ſols.—ℓ— ß 10 ᵭ—
Toilles d'Alemagne,la piece cy-deuant taxée,cinq ſols ſix deniers.ℓ— ß 5 ᵭ 6
    Et pour la nouuelle reapreciation, ſept ſols ſix deniers. —ℓ— ß 7 ᵭ 6
Toilles de Hainaut & d'Aaſt , le fardeau n'excedant huiċt quin-
    taux, cy-deuant taxé, quinze liures. ————ℓ 15 ß— ᵭ—
    Et pour la nouuelle reapreciation , voyez la piece cy-
    deſſous. ————————————
    Le quintal cy-deuant taxé, trente-ſept ſols ſix deniers. —ℓ 1 ß 17 ᵭ 6
    Et pour la nouuelle reapreciation , voyez cy-deſſous la
    piece. ————————————
    La piece cy-deuant taxée , douze ſols ſix deniers. ——ℓ— ß 12 ᵭ 6
    Et pour la nouuelle reapreciation , la piece, trois ſols ſix
    deniers. ————————————ℓ— ß 3 ᵭ 6

Toilles d'Hollande, de quinze à ſeize aulnes, la piece cy-deuant
taxée, ſeize ſols ſix deniers. ———————————ℓ—ß 16 ß 6
    Et pour la nouuelle reapreciation, ————————————neant.
Toilles rayées de ſoye, la piece cy-devant taxée, dix ſols. ——ℓ—ß 10 ß—
    Et pour la nouuelle reapreciation, deux ſols. ———ℓ—ß 2 ß—
Toilles rayées ſans ſoye, la piece cy-deuant taxée, quatre ſols ſix
deniers. ———————————ℓ—ß 4 ß 6
    Et pour la nouuelle reapreciation, deux ſols ſix deniers. ℓ—ß 2 ß 6
Toilles de Baptiſte, Cambray, jaunes & blanches, la piece cy-deuant taxée, douze ſols ſix deniers. ——————ℓ—ß 12 ß 6
    Et pour la nouvelle reapreciation, deux ſols ſix deniers. ℓ—ß 2 ß 6
Toilles de Rouën & Normandie, la balle n'excedant deux quintaux, tant blanches que cruës, cy-deuant taxée, trois
liures. ———————————ℓ 3 ß—ß—
    Et pour la nouuelle reapreciatiõ, le cent peſant, vingt ſols. ℓ 1 ß—ß—
Toilles d'Autun & Langres, de ſemblables poids, la balle cy-deuant taxée, trois liures. ———————————ℓ 3 ß—ß—
    Et pour la nouuelle reapreciation, le cent peſant, vingt
ſols. ———————————ℓ 1 ß—ß—
Toilles de Peré, & autres ſemblables, cy-deuant taxées, quarante
ſols. ———————————ℓ 2 ß—ß—
    Et pour la nouuelle reapreciation, le cent peſant, dix ſols. ℓ—ß 10 ß—
Toilles de Belle-ville, Beaujeu, Ville-franche, & autres de Beaujollois, la balle cy-deuant taxée, vingt-cinq ſols. ——ℓ 1 ß 5 ß—
    Et pour la nouuelle reapreciation, le cent peſant, cinq ſols. ℓ—ß 5 ß—
    La piece cy-deuant taxée, deux ſols ſix deniers. ——ℓ—ß 2 ß 6
    Et pour la nouuelle reapreciation, vn ſol ſix deniers. —ℓ—ß 1 ß 6
Toilles de Maſcon, la balle cy-deuant taxée, quinze ſols. ——ℓ—ß 15 ß—
    Et pour la nouuelle reapreciatiõ, le cent peſant, ſept ſols
ſix deniers. ———————————ℓ—ß 7 ß 6
Toilles rayées de Bourgongne, la piece cy deuant taxée, trois ſols. ℓ—ß 3 ß—
    Et pour la nouuelle reapreciation, deux ſols. ———ℓ—ß 2 ß—
Toilles de Laual, Chaſtelleraut, Bretagne, Chaſtillon, Bourgongne, Breſſe, Scampoulons & Chenettes, la balle cy-deuant taxée, trente ſols. ———————————ℓ 1 ß 10 ß—
    Et pour la nouuelle reapreciation, du cent peſant, quinze
ſols. ———————————ℓ—ß 15 ß—
Toilles de Tarare, Charlieu, & Foreſts, la balle cy-deuant taxée,
vingt ſols. ———————————ℓ 1 ß—ß—
    Et pour la nouuelle reapreciation, pour cent peſant, cinq
ſols. ———————————ℓ—ß 5 ß—
Toilles eſtoupieres de Charlieu & Cremièu, la balle cy-deuant
taxée, huict ſols. ———————————ß 8 ß—
    Et pour la nouuelle reapreciation, le cent peſant, trois ſols. ℓ—ß 3 ß—

Toilles

Toilles eſtoupieres de Lorraine & Grey, la balle cy-deuant taxée,
    treize ſols. ————————————————ℓ—ß 13 §—
    Et pour la nouuelle reapreciatiõ,du cent peſant,cinq ſols.ℓ—ß 5 §—
Toilles de Prouins, Chaumont & Champagne, le fardeau conte-
    nant quatre balles, cy-deuant taxé, trois liures dix ſols.ℓ 3 ß 10 §—
    Et pour la nouuelle reapreciation, de chacune balle, dix-
    ſept ſols ſix deniers. ————————————ℓ—ß 17 § 6
Toilles eſtoupieres de Foreſts,Caneuart & Bourras,la piece cy-de-
    uant taxée,vn ſol. —————————————ℓ—ß 1 §—
    Et pour la nouuelle reapreciation, ſix deniers. ——ℓ—ß—§ 6
Toilles de meſnage,de Paris, Roüen, Autun,Troye, ou Auſſonne,
    la piece cy-deuant taxée, ſept ſols ſix deniers. ——ℓ—ß 7 § 6
    Et pour la nouuelle reapreciation, cinq ſols. ——ℓ—ß 5 §—
Toilles de Bretagne, le quintal cy-deuant taxé, quinze ſols. ——ℓ—ß 15 §—
    Et pour la nouuelle reapreciation, vingt-cinq ſols. ——ℓ 1 ß 5 §—
Toille virée, la piece, deux ſols. ———————————ℓ—ß 2 §—
    Et pour la nouuelle reapreciation,vn ſol. ———ℓ—ß 1 §—
Toilles rayees ſans ſoye, de Flandres, la piece cy-deuant taxée,
    quatre ſols. ————————————————ℓ—ß 4 §—
    Et pour la nouuelle reapreciation, trois ſols ſix deniers.—ℓ—ß 3 § 6
Toilles flaines du pays, la balle cy-deuant taxée,vingt-cinq ſols. —ℓ 1 ß 5 ß—
    Et pour la nouuelle reapreciation, voyez cy-deſſous la
    piece.
    La piece cy-deuant taxée, trois ſols. ————ℓ—ß 3 ß—
    Et pour la nouuelle reapreciation,deux ſols. ——ℓ—ß 2 §—
Toutes Toilles de Bourgongne, groſſe, & Peiray, le quintal cy-
    deuant taxé, trente ſols. ——————————ℓ 1 ß 10 §—
    Et pour la nouuelle reapreciation, dix ſols. ——ℓ—ß 10 §—
Toille d'Auſſonne, la balle de cent cinquante liures,cy-deuant ta-
    xée, quarante-cinq ſols. —————————ℓ 2 ß 5 §—
    Et pour la nouuelle reapreciation, quinze ſols. ——ℓ—ß 15 §—
Toilles flaines de Normandie, la charge cy-deuãt taxée,cinq liur. ℓ 5 ß—§—
    Et pour la nouuelle reapreciation, quinze ſols. ——ℓ—ß 15 §—
Toilles flaines de Flandres, la charge cy-deuant taxée, ſept liures.ℓ 7 ß—§—
    Et pour la nouuelle reapreciation, pour cent, vingt ſols. ℓ 1 ß—§—
Toilles peintes de Flandres,le quintal cy-deuant taxé, vingt-cinq
    ſols. ——————————————————ℓ 1 ß 5 §—
    Et pour la nouuelle reapreciation, quinze ſols. ——ℓ—ß 15 §—
Toilles peintes du pays,le quintal cy-deuant taxé,quinze ſols. —ℓ—ß 15 §—
    Et pour la nouuelle reapreciation, quinze ſols. ——ℓ—ß 15 §—
Toilles rayées de Bourgongne,le quintal cy-deuant taxé,vingt ſols.ℓ 1 ß—§—
    Et pour la nouuelle reapreciation, dix ſols. ——ℓ—ß 10 §—
Toille naturelle de Bourgongne, Piné & Lorraine, la piece cy-de-
    uant taxée, douze ſols ſix deniers. ——————ℓ—ß 12 § 6

Et

Et pour la nouuelle reapreciation, deux ſols ſix deniers. £—ß 2 ß 6
Toille ritte, la piece cy-deuant taxée, trois ſols. ———— £—ß 3 ß—
Et pour la nouuelle reapreciation, vn ſol. ———— £—ß 1 ß—
Toilles de Lorraine & Sauoye, la balle cy-deuant taxée, trente ſols. £ 1 ß 10 ß—
Et pour la nouuelle reapreciation, dix ſols. ———— £—ß 10 ß—
Le quintal cy-deuant taxé, vingt ſols. ———— £ 1 ß—ß—
Et pour la nouuelle reapreciation, dix ſols. ———— £—ß 10 ß—
Toilles de Langres groſſieres, la balle de deux quintaux, cy-deuant
taxée, trente ſols. ———— £ 1 ß 10 ß—
Et pour la nouuelle reapreciation, quinze ſols. ———— £—ß 15 ß—
Toilles houppées ſans argent, la piece cy-deuant taxée, quatre ſols
ſix deniers. ———— £—ß 4 ß 6
Et pour la nouuelle reapreciation, deux ſols ſix deniers. £—ß 2 ß 6
Toilles & Treillis d'Alemagne, la balle, à compoſition, cy-deuant
taxée, trente-trois ſols neuf deniers. ———— £ 1 ß 13 ß 9
Et pour la nouuelle reapreciation, cy-apres. ————
Toilles de meſnage de Sauoye, la piece cy-deuant taxée, quatre
ſols ſix deniers. ———— £—ß 4 ß 6
Et pour la nouuelle reapreciation, deux ſols ſix deniers. £—ß 2 ß 6
Toilles blanches d'Alemagne, la piece cy-deuant taxée, cinq ſols
ſix deniers. ———— £—ß 5 ß 6
Et pour la nouuelle reapreciation, deux ſols ſix deniers. £—ß 2 ß 6
Toilles eſtoupieres de Lorraine, la piece, deux ſols. ———— £—ß 2 ß—
Et pour la nouuelle reapreciation, deux ſols. ———— £—ß 2 ß—
Tholles de fer, arnois, & autres choſes, le quintal cy-deuant taxé,
trois ſols. ———— £—ß 3 ß—
Et pour la nouuelle reapreciation, vn ſol. ———— £—ß 1 ß—
L'Eſtranger cy-deuant taxé, quatre ſols. ———— £—ß 4 ß—
Et pour la nouuelle reapreciation, vn ſol. ———— £—ß 1 ß—
Trippe de velours, la piece cy-deuant taxée, onze ſols. ———— £—ß 11 ß—
Et pour la nouuelle reapreciation, quatre ſols. ———— £—ß 4 ß—
Trompes d'Italie, la balle cy-deuant taxée, quarante ſols. ———— £ 2 ß—ß—
Et pour la nouuelle reapreciation, dix ſols. ———— £—ß 10 ß—
Treillis d'Alemagne, la balle cy-deuant taxée, trois livres ſept ſols
ſix deniers. ———— £ 3 ß 7 ß 6
Et pour la nouuelle reapreciation, douze ſols ſix deniers. £—ß 12 ß 6
Turquins de Turquie, la balle cy-deuant taxée, cinq liures. ———— £ 5 ß—ß—
Et pour la nouuelle reapreciation, cinquante ſols. ———— £ 2 ß 10 ß—
Toille de ſoye nouuelle à faire lingerie, la liure, trois liures dix
ſols. ———— £ 3 ß 10 ß—

Tapiſſeries de Cuir doré Venant de ————
Montpellier 6ᴴ 13 ſ 4 ... Pe —0⁄0

Espiceries & Drogueries.

V

VErdet, la charge cy-deuant taxée, vingt-cinq sols. ———————ℓ 1 ß 5 ₰—
    Et pour la nouuelle reapreciation, ——————————— neant.
Vermillon, autrement Cinabre, le quintal cy-deuant taxé, trente-
    cinq sols. ——————————————ℓ 1 ß 15 ₰—
    Et pour la nouuelle reapreciation, seize sols six deniers. —ℓ—ß 16 ₰ 6
    Pour les quatre pour cent cy-deuãt taxez, trente-deux sols ℓ 1 ß 12 ₰—
    Et pour la nouuelle reapreciation, trois liures. ——ℓ 3 ß — ₰—
Vif-argent, le quintal, pour les quatre pour cent cy-deuant taxez,
    vingt-quatre sols. ——————————ℓ 1 ß 4 ₰—
    Et pour la nouuelle reapreciation, seize sols. ——ℓ—ß 16 ₰—
Vif-argent, le ballon pesant cent cinquante liures, payera quaran-
    te-cinq sols. ——————————ℓ 2 ß 5 ₰—
    Et pour la nouuelle reapreciation, —————————à proportion.
Vitriol, le quintal cy-deuant taxé à quatre sols trois deniers. ——ℓ—ß 4 ₰ 3
    Et pour la nouuelle reapreciation, ———————————— neant.
    Pour les quatre pour cent cy-deuant taxez, huict sols. —ℓ—ß 8 ₰—
    Et pour la nouuelle reapreciation, ——————————— neant.
Vitriol du pays, le quintal cy-deuant taxé, trois sols quatre deniers. ℓ—ß 3 ₰ 4
    Et pour la nouuelle reapreciation, trois sols quatre den. —ℓ—ß 3 ₰ 4
Vustum, le quintal cy-deuant taxé, treize sols trois deniers. ——ℓ—ß 13 ₰ 3
    Et pour la nouuelle reapreciation, seize sols neuf deniers. ℓ—ß 16 ₰ 9
    Pour les quatre pour cent cy-deuant taxez, vingt sols. —ℓ 1 ß—₰—
    Et pour la nouuelle reapreciation, vingt-huict sols. ——ℓ 1 ß 8 ₰—
Vert en vescie, le quintal cy-deuant taxé, cinq sols. ——ℓ—ß 5 ₰—
    Et pour la nouuelle reapreciation, seize sols six deniers. ℓ—ß 16 ₰ 6
Verny, le quintal cy-deuant taxé, quinze sols. ——————ℓ—ß 15 ₰—
    Et pour la nouuelle reapreciation, ——————————— neant.
Escuelle de Vermillon, la douzaine, vn sol. ——————ℓ—ß 1 ₰—
Vanille, ou Chocolat le Cent . . . . . 5ˡⁱᵛ — —

Marchandises.

Vaisselle de Fayence & autres lieux d'Italie, la quaisse cy-deuant
    taxée, sept liures. ————————————ℓ 7 ß—₰—
    Et pour la nouuelle reapreciation, le cent pesant, dix sols. ℓ—ß 10 ₰—
Vannes de toille picquées, la piece cy-deuant taxée, vingt sols. —ℓ 1 ß—₰—
    Et pour la nouuelle reapreciation, six sols. ————ℓ—ß 6 ₰—
Vannes de taffetas dessus & dessous picquées, la piece cy-deuant
    taxée, trois liures. ————————————ℓ 3 ß—₰—

Et pour la nouuelle reapreciation , vingt fols. ————— ℓ 1 ß — ℥ —
Vannes de taffetas, d'vn cofté & de l'autre , toille ou fuftaine , cy-
　　deuant taxée , quarante fols. ———————— ℓ 2 ß — ℥ —
Et pour la nouuelle reapreciation, treize fols. ————— ℓ — ß 13 ℥ —
Vaches de Rouffy, la piece cy-deuant taxée, cinq fols. ——+— ℓ — ß 5 ℥ —
Et pour la nouuelle reapreciation , trois fols. ———— ℓ — ß 3 ℥ —
Vaches de Leuant habillées , la piece cy-deuant taxée , trois
　　fols. ————————————— ℓ — ß 3 ℥ —
Et pour la nouuelle reapreciation , deux fols. ——— ℓ — ß 2 ℥ —
Velins , la balle cy-deuant taxée, vingt fols. ——— ℓ 1 ß — ℥ —
Et pour la nouuelle reapreciation , fix fols. ———— ℓ — ß 6 ℥ —
Velours de Tollette , & autres petits Velours femblables , la liure
　　cy-deuant taxée dix-neuf fols neuf deniers. ——— ℓ — ß 19 ℥ 9
Et pour la nouuelle reapreciation, fix fols trois deniers. — ℓ — ß 6 ℥ 3
Velours d'Auignon, Valence & Boulongne , la liure cy-deuant ta-
　　xée , vingt-deux fols. ————————— ℓ 1 ß 2 ℥ —
Et pour la nouuelle reapreciation , huict fols. ——— ℓ — ß 8 ℥ —
Velours de Florence, Lucques, Milan , Naples, Venife & Ferrare,
　　la liure cy-deuant taxée, vingt-huict fols. ——— ℓ 1 ß 8 ℥ —
Et pour la nouuelle reapreciation , huict fols. ——— ℓ — ß 8 ℥ —
Velours de Reige, Modenes , & Conftance, la liure cy-deuant ta-
　　xée , vingt-deux fols neuf deniers. ———— ℓ 1 ß 2 ℥ 9
Et pour la nouuelle reapreciation, fept fols trois deniers. ℓ — ß 7 ℥ 3
Velours de Gennes, la liure cy-deuant taxée, vingt-deux fols. — ℓ 1 ß 2 ℥ —
Et pour la nouuelle reapreciation, huict fols. ———— ℓ — ß 8 ℥ —
Velours de Gennes , pour les mandemens , la piece cy-deuant ta-
　　xée , fept liures cinq fols. ———————— ℓ 7 ß 5 ℥ —
Et pour la nouuelle reapreciation , ————————————— neant.
Velours rouge cramoyfi de Gennes, la liure cy-deuant taxée, qua-
　　rante-cinq fols. ———————————— ℓ 2 ß 5 ℥ —
Et pour la nouuelle reapreciation , cinq fols. ——— ℓ — ß 5 ℥ —
Velours rouge cramoyfi de Gennes, pour les mandemens, la piece
　　cy-deuant taxée , fix liures. —————— ℓ 6 ß — ℥ —
Et pour la nouuelle reapreciation , ————————— neant.
Velours violet & incarnat cramoyfi , la liure cy-deuant taxée,
　　trente-fept fols trois deniers. —————— ℓ 1 ß 17 ℥ 3
Et pour la nouuelle reapreciation, fept fols neuf deniers. ℓ — ß 7 ℥ 9
Velours violet & incarnat cramoyfi de Gennes, la piece cy-deuant
　　taxée , fix liures. —————————— ℓ 6 ß — ℥ —
Et pour la nouuelle reapreciation , ————————— neant.
Velours rouge cramoyfi de Florence, Venife, Lucques, Milan , &
　　de tous autres pays eftrangers, la liure cy-deuant taxée,
　　quarante-huict fols neuf deniers. ———— ℓ 2 ß 8 ℥ 9
Et pour la nouuelle reapreciation , vn fol trois deniers. — ℓ 1 ß 3 ℥ —

Vermicelly. Le cent 6.ll

Velours

Velours violet ou incarnat cramoysi desdits lieux, la liure cy-deuant taxée, quarante sols quatre deniers. ————ℓ 2 ß — ẞ 4
    Et pour la nouuelle reapreciation, quatre sols huiⁿⁿden. ℓ— ß 4 ẞ 8
Velours noir ou couleur, de Tours, la liure cy-deuant taxée, six
sols. ————————ℓ— ß 6 ẞ—
    Et pour la nouuelle reapreciation, six sols. ————ℓ— ß 6 ẞ—
Velours & autres draps de soye raz, rouge cramoysi, de Tours, la
liure cy-deuant taxée, neuf sols. ————ℓ— ß 9 ẞ—
    Et pour la nouuelle reapreciation, six sols. ————ℓ— ß 6 ẞ—
Velours de Geneue de toutes couleurs, la liure cy-deuant taxée,
vingt-cinq sols. ————————ℓ 1 ß 5 ẞ—
    Et pour la nouuelle reapreciation, cinq sols. ————ℓ— ß 5 ẞ—
Velours de Ville-neufve, Selon, de Craux, & autres lieux de Pro-
uence, la liure cy-deuant taxée, six sols. ————ℓ— ß 6 ẞ—
    Et pour la nouuelle reapreciation, six sols. ————ℓ— ß 6 ẞ—
Velours à fonds d'or ou d'argent, la liure cy-deuant taxée, quaran-
te-deux sols neuf deniers. ————————ℓ 2 ß 2 ẞ 9
    Et pour la nouuelle reapreciation, douze sols trois den. —ℓ— ß 12 ẞ 3
Vaisselle d'argent, le marc cy-deuant taxé, vingt sols. ————ℓ 1 ß — ẞ—
    Et pour la nouuelle reapreciation, ————————neant.
Vaisselle d'estain, le cent cy-deuant taxé, vingt-cinq sols. ————ℓ 1 ß 5 ẞ—
    Et pour la nouuelle reapreciation, dix sols. ————ℓ— ß 10 ẞ—
Vergettes de Paris, le quintal cy-deuant taxé, huiⁿⁿ sols. ————ℓ— ß 8 ẞ—
    Et pour la nouuelle reapreciation, huiⁿⁿ sols. ————ℓ— ß 8 ẞ—
Vergettes de Rouën, le tonneau n'excedant cinq quintaux, cy de-
12ˢ. le quintal uant taxé, quarante sols. ————ℓ 2 ß — ẞ—
    Et pour la nouuelle reapreciation, vingt sols. ————ℓ 1 ß — ẞ—
Vergettes estrangeres, le quintal cy-deuant taxé, quatorze sols. —ℓ— ß 14 ẞ—
    Et pour la nouuelle reapreciation, dix sols. ————ℓ— ß 10 ẞ—
Verre de Venise, la quaisse cy-deuant taxée, sept liures. ————ℓ 7 ß — ẞ—
    Et pour la nouuelle reapreciation, ————————neant.
Verre à faire miroirs ou vitres, la quaisse cy-deuant taxée, sept
20ˢ. le quintal sols. ————————ℓ— ß 7 ẞ—
    Et pour la nouuelle reapreciation, trois sols. ————ℓ— ß 3 ẞ—
Verre la charrette à vn cheual, cy-deuant taxée, sept sols. ————ℓ— ß 7 ẞ—
    Et pour la nouuelle reapreciation, cinq sols. ————ℓ— ß 5 ẞ—
Verres de Dauphiné, & autres semblables, la charge cy-deuant
taxée, deux sols. ————————ℓ— ß 2 ẞ—
    Ft pour la nouuelle reapreciation, deux sols. ————ℓ— ß 2 ẞ—
Verres de bretelles, cy-deuant taxez, sept sols. ————ℓ— ß 7 ẞ—
_a 10ˢ._   Et pour la nouuelle reapreciation, trois sols. ————ℓ— ß 3 ẞ—
Vieilles caboches, le quintal cy-deuant taxé, deux sols. ————ℓ— ß 2 ẞ—
    Et pour la nouuelle reapreciation, deux sols. ————ℓ— ß 2 ẞ—
Vieilles armes, la balle cy-deuant taxée, trente sols. ————ℓ 1 ß 10 ẞ—

Et

Et pour la nouuelle reapreciation, voyez *Armes.* ——

Vieux corſelets, la piece cy-deuant taxée, cinq ſols. ————ℒ—ß 5 ß—

Et pour la nouuelle reapreciation, voyez *Idem.* ——

Volans, le quintal cy-deuant taxé, quatre ſols. ————ℒ—ß 4 ß—

Et pour la nouuelle reapreciation, dix ſols. ————ℒ—ß 10 ß—

Vaiſſelle de terre, la douzaine, quatre deniers. ————ℒ—ß— ß 4

Vermichely & ſemoulle, le quintal, ſix ſols. ————ℒ—ß 6 ß—

Verre Caſſé ou groiſille à 5.# du °/°

Vieilles Lettres d'imprimerie à 8.ˢ

et les Neuues à ‥‥ 16.ˢ

Eſpiceries & Drogueries.

Z

Z Edoart, pour tous droicts, le quintal cy-deuant taxé, deux liures ſept ſols ſix deniers. ————————ℒ 2 ß 7 ß 6

Et pour la nouuelle reapreciation, ————————neant.

Pour les quatre pour cent cy-deuant taxez, trois liures. —ℒ 3 ß—ß—

Et pour la nouuelle reapreciation, ————————neant.

Et Generalement toutes autres ſortes de Marchandiſes, Drogueries,
Eſpiceries, & autres de quelques qualitez qu'elles ſoient, qui ne ſont cy-deſſus ſpecifiées & declarées, encore que par cy-deuant il n'ait eſté levé aucu-
ne choſe ſur icelles, payeront à l'equipollent, à la raiſon que deſſus, leſdits
droicts, ſuiuant la Taxe qui en ſera faite par les Officiers, Fermiers, ou
Commis.

Fait au Conſeil d'Eſtat du Roy, tenu pour ſes Finances. A Thoulouſe,
le vingt-ſeptiéme jour d'Octobre mil ſix cens trente-deux.

Signé, LE RAGOIS.

Lettres de Commiſſion du Roy, pour l'eſtabliſſement des droiĉts de Reapreciation de la Doänne de Lyon.

Données a St Germain en Laye, Le 23 feurier 1633

OVIS PAR LA GRACE DE DIEV ROY DE FRANCE ET DE NAVARRE, A noſtre amé & feal Conſeiller ordinaire en noſtre Conſeil d'Eſtat, le Sieur de Moricq, Salut. Ayant par nos Lettres de Declaration du quatorziéme Aouſt mil ſix cens trente-deux, ordonné la Reapreciation de nos droiĉts de Traitte Foraine, Reſue, Domaine forain, & Haut-paſſage, Traitte Domaniale ſur les danrées & marchandiſes ſortans hors noſtre Royaume, pour eſtre portées aux pays Eſtrangers, & aux Prouinces où nos Aydes n'ont cours, & les droiĉts d'entrée ſur les marchandiſes d'or, d'argent, & de ſoye, Eſpiceries, Drogueries, & autres Marchandiſes dependant des cinq groſſes Fermes de France, Doänne de Lyon, Traitte d'Anjou & de Poiĉtou, eſcu pour tonneau de mer de Normandie, & Tablier de la Rochelle ; ſuiuant les Eſtats qui en ont eſté arreſtez en noſtre Conſeil le vingt-ſeptiéme Octobre audit an : N o v s aurions, dés ledit jour vingt-ſeptiéme Octobre, fait expedier & addreſſer nos Lettres de Commiſſion aux Preſidens, Treſoriers ~~generaux~~ de France des Generalitez de l'eſtenduë deſdites Fermes, pour faire faire l'eſtabliſſement, leuée & perception des Droiĉts d'icelle, tant anciens que nouueaux, & mettre en poſſeſſion Maiſtre Iean de la Grange, qui auoit traité auec Nous de l'vnion deſdites Fermes & Droiĉts, en attendant l'enregiſtrement de noſdites Lettres de Declaration, & du Bail qui luy en ſeroit expedié. Et voulans les Treſoriers de France à Lyon proceder à l'execution de noſdites Lettres de Commiſſion, pour ce qui eſt perceptible deſdits droiĉts, en l'eſtenduë de leur Generalité, ils en auroient eſté empeſchez par l'eſmotion populaire, & incendie arriuée en noſtredite Ville de Lyon ; pour raiſon de-quoy le procez auroit eſté fait & parfait aux coulpables, & les principaux Autheurs de ladite émotion executez à mort. Et depuis leſdites Fermes, vnies, ayant eſté publiées en noſtre Conſeil à diuers jours, elles auroient eſté adjugées à Maiſtre André de la Foſſe pour dix années, commen-

Y

cées

86

cées le premier jour de Ianvier dernier , à la referue de trente-cinq fols pour
muid de fel , qui s'enleue des marais falins de Broüages & Ifles en dependans,&
du pouvoir baillé audit de la Grange par fon traité , de rembourfer le prix de
l'engagement des droicts d'entrée de Drogueries & Efpiceries , & Tablier de la
Rochelle;lefquelles Fermes & Droicts Nous auons exceptez de l'adjudication ,
pour en difpofer ainfi que bon Nous femblera : En fuitte Nous aurions fait expedier autres nos Lettres de Commiffion aufdits Treforiers de France de Lyon,
pour faire faire l'eftabliffement, leuée & perception defdits droicts anciens &
nouueaux,& mettre en poffeffion defdites Fermes , ledit de la Foffe , & fes Procureurs. Ce que voulant eftre promptement executé , en attendant l'enregiftre-
ment de nofdites Lettres de Declaration du quatorziéme Aouft dernier , & du
Bail qui fera expedié audit de la Foffe. A CES CAVSES , de l'aduis de
noftre Confeil , & de noftre plaine puiffance & authorité Royale , Nous vous
mandons,ordonnons,& tres-expreffement enjoignons,par ces prefentes fignées
de noftre main , de faire faire l'eftabliffement, leuée & perception des droicts ,
tant anciens que nouueaux , defdites cinq groffes Fermes & Doanne de Lyon ,
& à cet effect mettre en poffeffion d'icelles ledit de la Foffe, fes Procureurs &
Commis , pour en joüir fuiuant ledit eftat de Reapreciation arrefté en noftre
Confeil le vingt-feptiéme d'Octobre dernier , cy-deuant enuoyé à nofdits Treforiers ~~generaux~~ de France à Lyon , lequel Nous voulons eftre obferué de poinct
en poinct felon fa forme & teneur, & que d'iceluy il foit fait vn Tableau , pour
eftre mis & apposé en tous les Bureaux, afin que chacun fçache ce qu'il doit payer pour l'Entrée, paffage & fortie de fa marchandife, & qu'au payement defdits
droicts , les Marchands, & toutes autres perfonnes que befoin fera , foient contraints par les voyes accouftumées en tel cas , mefmes les Commis dudit de la
Grange , comme pour nos deniers & affaires , de compter comme de Clerc à
Maiftre auec ledit de la Foffe, fes Procureurs & Commis , & payer tous les deniers qu'ils ont receu defdites cinq groffes Fermes & Doänne de Lyon , depuis
ledit jour premier Ianuier dernier , jufques au jour de leur poffeffion, & de leurs
remettre és mains les Declarations,Regiftres des receptes, Controolles , Paffe-
ports , & autres pieces juftificatiues de ladite Recepte ; en quoy faifant ils en de-
meureront valablement defchargez. De ce faire vous donnons pouuoir , authorité, commiffion & mandement fpecial ,nonobftant oppofitions ou appellations quelconques, dont fi aucunes interuiennent,Nous nous en fommes referu-
ué la connoiffance en noftredit Confeil , & icelle interditte & defenduë à toutes
nos Cours de Parlement & des Aydes,& autres Iuges,jufques à ce que nofdites
Lettres de Declaration ayent efté regiftrées. ORDONNONS auffi,& enjoignons à noftre amé & feal Cheualier de nos Ordres , Confeiller en noftre
Confeil d'Eftat, Gouuerneur, & noftre Lieutenant general en ladite Ville &
pays de Lyonnois, Forefts, & Beaujollois, Preuoft des Marchands & Efcheuins,
Maiftres des Ports, & autres nos Officiers , de tenir la main , à ce que ledit de
la Foffe, fes Procureurs & Commis, puiffent en toute liberté faire payer nofdits
droicts : Et commandons à noftre Huiffier ou Sergent premier fur ce requis ;
de faire toutes contraintes , executions & faifies pour raifon de ce , fans deman-

der

der autre congé ny permiſſion : Et ſera foy adjouſtée comme à l'original , aux
coppies collationnées des preſentes par l'vn de nos amez & feaux Conſeillers
& Secretaires, car tel eſt noſtre plaiſir. DONNE' à Saint Germain en Laye
le treiziéme jour de Feurier , l'an de grace mil ſix cens trente-trois , & de noſtre
regne , le vingt - troiſiéme. Signé LOVIS. Et plus bas, Par le Roy ,
PHELIPEAVX. Et ſeellé du grand Seel de cire jaune.

Du Procez verbal de Monſieur de Moricq , Conſeiller ordi-
dinaire au Conſeil d'Eſtat du Roy , portant l'eſtabliſſement
dudit Droict en la ville de Lyon , le troiſiéme jour de Mars
mil ſix cens trente-trois , a eſté extrait ce qui enſuit.

DESQVELLES Remonſtrances Nous leur auons donné acte, pour
leur feruir & valoir ce que de raiſon ; & cependant auons mis ledit
de la Garde , Procureur dudit de la Foſſe , en la poſſeſſion & jouïſ-
ſance de leuer & perceuoir leſdits Droicts , tant anciens que nouueaux , deſdites cinq groſſes Fermes & Doãnne de Lyon , ſuiuant & conforme-
ment audit eſtat de Reapreciation du vingt-ſeptiéme Octobre dernier , lequel
nous auons remis entre les mains dudit de la Garde , pour demeurer au Bureau
de ladite Doãnne , à ce que chacun ſçache ce qu'il doit payer des marchandiſes
qui y arriueront. Au payement deſquels droicts anciens , & de Reapreciation ,
ſuiuant ledit eſtat , feront tous Marchands , & autres perſonnes que beſoin ſera ,
contraints par les voyes accouſtumées, nonobſtant oppoſitions ou appellations
quelconques, deffenſes à toutes perſonnes de l'y troubler. Enjoint aux Iuges de
ladite Doãnne d'y tenir la main , à peine d'en reſpondre en leurs propres & pri-
uez noms ; & audit de la Garde de faire faire vn Tableau en parchemin dudit
eſtat,qui ſera collationné,ſur ledit original , par deux Secretaires du Roy , pour
demeurer audit Bureau , auquel on aura recours. Et ce fait , ſera ledit original
porté & remis,par ledit de la Garde , au Greffe du Bureau des Finances de cette
ville de Lyon , pour y auoir recours quand beſoin ſera : à la fin duquel Tableau,
qui demeurera audit Bureau , ſera interée coppie de noſdites Lettres de Commiſſion , & de noſtre Procez verbal. *Signé* , DE IVYE. *Et plus bas , par*
mondit ſieur , CHVLOT.

Collationné aux originaux par nous Conſeiller & Secretaire du Roy ,
Maiſon & Couronne de France , & de ſes Finances.

ESTAT DES MARCHANDISES

qui avoient esté obmises dans le Tariff de la Doanne
de Lyon, arresté au Conseil du Roy le vingt-
septiéme Octobre dernier ;

*Desquelles l'appreciation a esté faite par les Officiers de ladite
Doanne, suiuant le pouuoir donné par sa Majesté
les jour & an que dessus.*

ASÇAVOIR,

Espiceries & Drogueries.

A

Agnus Castus Le quintal sept sols six d. — 7ˢ 6ᵈ

AIGRE de cedre, le quintal, cinq liures. ——————— 5 ß —

Amandres de pays Le quintal — 6ᶠ

Amidon Estranger Le quintal — 16ᶠ

Anis sané Estranger, Le quintal comme
Laris Estranger — — — — — — 7ˡ 28ᶠ

Marchandises.

B

Barancan fil et Laine, La piece de 20 aul. 15
Bazanne Maroquinée Le quintal 11
Baume du Perou Le quintal 20
Blanc de plomb Le quintal (?) 11
Bocaſſin La piece de 10 aul. 2 ſ 6
Bois a faire boettes blanches Le quintal Ga[g]uer 1 ſ 6
Bois de Erable Le quintal 2 10 ſ 6
Boid de Linstiques Le quintale 8
Bois d'olivier Le quintal 5
Bois a faire cribles et tamis Le quintal 2 ſ 2
Bois de buis le quintal **Marchandiſes.** 5
Bois de ſtorax le quintal 15

Bazin de Montpellier, la piece, ſept ſols. — ₤ — ß 7 ᵭ
Baudriers à la mode, la piece, cinq ſols. — ₤ — ß 5 ᵭ
Bois à faire boëttes blanches, le quintal, vn ſol ſix deniers. — ₤ — ß 1 ᵭ 6
Bois de picques non ferrées, la douzaine, deux ſols. — ₤ — ß 2 ᵭ
Bourre de Chameaux, le quintal, quatre ſols. — ₤ — ß 4 ᵭ
Bruyeres accouſtrées de France, le quintal, dix ſols. — ₤ — ß 10 ᵭ
Burail d'Arles, la piece, vnze ſols. — ₤ — ß 11 ᵭ
Burail croiſé, la piece, quinze ſols. — ₤ — ß 15 ᵭ
Burail d'Auignon auec ſoye, la piece, vingt ſols. — ₤ 1 ß — ᵭ

Bois de ſantal Le quintal 15
Bois de picques ferrées rozes, picques
Bois de violettes Le quintal 7
Bol Le quintal 10
Bonnetir de ſoiles La douzaine 6
Bonnetir de fil pour femme La douzaine 4
Boulay ou meche Le quintal 6 ſ 8
Bourre de Chameaux Le quintal 8
Bourſes a La Mode La douzaine 10
Bourſes en broderie or et argent La douzaine 12

Eſpiceries & Drogueries.

C

Citrons, la charge de Mulet, ſix ſols. — ₤ — ß 6 ᵭ

B

Boutons de fil Blanc à Moule de Bois
La Livre deux sols &y — — — — — — — — — —   2.ˢ

Boutons de fil Blanc de france La Livre
net trois sols — — — — — — — — — —   3:.ˢ

~~Burail d'arles La piece~~ — — — — — — — — —   11:.ˢ

Burail de Zuricq, La balle Voyez Burail
de Bergame et La piece a proportion

Bois d'hallebardes non ferrées La douzaine   1.ˢ 3.ᵈ

Jean de Troyes Le Cent — — — — — — —   3.ˢ 6.ᵈ

Baleine a — — — — — — — — — —   1.ᵗᵗ 10:

Bois de fenoüil a — — — — — — — —   7.ˢ

Bois fustet a v.ˢ 10d.

Bois a faire foureau d'épée

Boutom de Crin La Livre — — — — — —   1.ˢ 6d.

C

✳ — Carbon commun Etranger Le quintal — 4 ₶

Idem de pays Le quintal . . . . . . 2 ₶

Catolicum, Le quintal . . . . . . 1 . 5

Chapelets d'albastre d'Italie Le q.al . . 7 #

Chocolat le Quintal cinq Livres — 5 #

Cheveliere de flandres a Jour La livre . . 2 ₶

Cheveux La Livre — . . . . . 5 ₶

Ciperus Le quintal . . . . . 6 ₶

Coquo, Le quintal Brut . . . . . 15 ₶

Cordes de Jonc Le quintal Voyez Cordes a
mourceaux — . . . . . 5 ₶

Cendres de Trijoly a 5 Le cent

Chapeaux de Bourges Le quintal . 2 #

Cordes de Raquettes Le quintal — 2 #

Cornes propres a faire manches de couteaux
Le quintal . . . . . 3 ₶

Christal ou cremes de Tartres Le quintal — 10 ₶

Côte de soye, Le quintal Voyez Capiton — 6 #

Cuir de ffonel La piece — . . . 2 ₶

Corail de Jardin Le quintal . . . 8 ₶ 90

Cuir de boeuf ou vaches en poil du pays — 3 ₶

Chapeaux de Languedoc Le q.al fruit . 15 ₶

Chemisettes de Coton La piece

Couvertes de Mulets Le quintal . . . 5 ₶

Cire blanche ouvrée de pays a — 2 # . 2 ₶

Camelots de Lille de demi aul. de large avec un
brin de soye La piece de 20 aul. 15 ₶

Cornes a lanterne Le q.al 2 # 5 ₶ 9

Crepon de Castres comme Camelot a u ₶

Coris ou Coquillage de Mer Le % 1 — 5 ₶

Creusets pour La monnoye ou orfevre a 3 ₶ ba le %

une Caisse & instrument Voy. Luth a 1 # 5 ₶

Cendres du Levant Le quintal — 5 ₶

Marchandises.

Cannes de Ion , le quintal , deux sols six deniers. ——————— ₶—ß 2 ꝝ 6
Chapeaux de Vigonne , la piece , cinq sols. ——————— ₶—ß 5 ꝝ—
Coquilles de Nacre brut , le quintal , quatre sols. ——————— ₶—ß 4 ꝝ—
Cornes , le quintal , vn sol. ——————— ₶—ß 1 ꝝ—
Cornes de Bœuf & Mouton , la balle , vn sol six deniers. ——— ₶—ß 1 ꝝ 6
Corbeilles d'osier , la douzaine , vn sol. ——————— ₶—ß 1 ꝝ—
Crespe crud de Geneue , la liure , vnze sols. ——————— ₶—ß 11 ꝝ—
Cuirs de Cheual , la piece , deux sols. ——————— ₶—ß 2 ꝝ—

Cachaos , Le quintal 2ᵗᵗ 10ˢ
Caffé Le quintal 8ˢ 9ᵈ
Camelot d'amiens , La piece De 10 aulᵗ .... ˢ
Capiton teint , Le quintal .... 8ᵗᵗ — ˢ
Carcaillons ou boutons de Verre , Le quintal .... 3:—
Carton fin Etranger Le quintal 9:ˢ
Carton de Pays Le quintal 4ˢ 6ᵈ

Espiceries & Drogueries.

D

Marchandises.

Damas caffard , la piece , vingt-cinq sols. ——————— ₶ 1 ß 5 ꝝ—
Damas de laine , la piece simple , sept sols six deniers. ——— ₶—ß 7 ꝝ 6
Dantelles de fil du Puy , la liure , six sols. ——————— ₶—ß 6 ꝝ—
Draps d'Orgelet , la piece , cinq sols. ——————— ₶—ß 5 ꝝ—
Draps de Dieppe , le quintal , quatre liures dix sols. ——— ₶ 4 ß 10 ꝝ—

Dailles ou faux Etrangeres , Le baril de 112ᵗᵗ ... 1ᵗᵗ 17ˢ
Dailles de France 1ᵗᵗ 5ˢ 9ᵈ
Dantelles de Frajellas La liure .... — 3ˢ
Draps de fenver et Bourgogne le qᵃˡ 2ᵗᵗ 10ˢ
Drap de Berry 2: 10:

Espiceries & Drogueries.

E

Eau de Romarin Le quintal comme eau de fleur d'orange . — — — — — 1# 7s

Eau forte Le quintal . — — — — — 15s

Ecorces d'oranges seches Le quintal — — 12s

Essence ou esprit de souffre voyez huile de Romarin . 4# 10s

Marchandises.

ESpingles d'Orleans, le quintal, vingt-sept sols. ———————— £1 ß7 d

EStain en grille d'Allemagne, le quintal, vingt-cinq sols. ——— £1 ß5 d

Ecailles de tortuës ouvrées Le quintal . 2:

Ecaille dit Brut . — — — — 1#

Ecorces de grenades Le quintal — — 6s 3d

Etamine avec soye La pièce de 10 aus . — 7s 6d

Echarpes de Laines ou ceintures a 6s La douzaine 6s 8d

Eca ou boulez a — — — — —

Ecume de sucre a 10s le quintal

Espiceries & Drogueries.

F

Figures de Plastre Le quintal — — — 10s

Fleur de Souffre, Le quintal — — — 1# 7s 4d

Marchandises.

FEr battu, le quintal, trois sols. ——————— £— ß3 d

Ferrandine, la piece, quinze sols. ————— £— ß15 d

Ferrandine de france La liu — — — 3s

Ferrandine Rayé d'or et d'argent La livre — — 8s

Ferrandine Etrangere La livre — — — 6s

Fil de Chevre ou poil de Chevre filé ——— 6ℓ 13ſ 4ᵈ

Feüilles de fer noir, le cent en nombre, cinq ſols. ——— ℓ — ß 5 ₰ —
Figures d'Albaſtre, le quintal, vingt-cinq ſols. ——— ℓ 1 ß 5 ₰ —
Fil de coſte, le quintal, trois ſols. ——— ℓ — ß 3 ₰ —
Fonte de fer, le quintal, trois ſols. ——— ℓ — ß 3 ₰ —
Fuſtaine de Montpellier, la balle, quatre liures. ——— ℓ 4 ß — ₰ —
  Et la piece, quatre ſols. ——— ℓ — ß 4 ₰ —

Fil de Lin cru Estranger le quintal . . . 1ℓ 15ſ
Fil blanc d'Allemagne et de lorraine le qᵃˡ . . . 3ſ
Fleuret teint en France, ayant payé crud Sa liure . . 2ſ 6ᵈ
Frange de fil La liure . . . 6ſ
Froc de Rouen le qᵃˡ . . . 2ℓ
Fil de lin cruë a 25ſ le °∕°
Fer en Verge de France le qᵃˡ . . . 3ſ 6ᵈ
Fer en verge Estranger le quintal . . . 5ſ
Fil de lin de pays le quintal . . . 7ℓ 5ſ

Eſpiceries & Drogueries.

G

Gomme amee Le quintal . . . 2ℓ
Graine d'alquelmais voyez graine d'escarlatte
  de france Le quintal . . . 6ℓ 5ſ
Graine de Marjolaine Le quintal . . . 8ſ 9ᵈ
Epiquaquana a . . . 3ſ

Marchandiſes.

Gans en broderie d'or fin, la ~~piece~~ paire, ſept ſols ſix deniers. ——— ℓ — ß 7 ₰ 6
Gans à paſſement d'or & d'argent, la ~~piece~~ paire, trois ſols neuf deniers. ℓ — ß 3 ₰ 9
Gans de Grenoble, la douzaine, vn ſol ſix deniers. ——— ℓ — ß 1 ₰ 6
Gans à la mode, la douzaine, ſept ſols ſix deniers. ——— ℓ — ß 7 ₰ 6
Gans de Daim La douzaine . . . 12ſ
Gans de fil La douzaine . . . 6ſ
Gans de Cotton La douzaine . . . 6ſ
gans de Chamois La douzaine . . . 10ſ
Gans d'auignon et prouence La Douzaine . . . 4ſ
Glaces de Miroirs, manufacturées de france le quᵃˡ . . . 1ℓ 16ſ ₰
  brut
Glans de fil de Paris La liure . . . 10ſ
Gans d'annonin comme gans de Grenoble Arrest
  du 29 May 1695 1ſ 6ᵈ La douzaine

H

HVile de Therebenthine, le quintal, trente ſols. ———— £ 1 ß 10 ß
HHobelon, le quintal, trois ſols. ———— £ ß 3 ß

Herbes de Thé la liure — — — — — — 3ˢ
Herbe de Capilaire le quintal — — — — 15ˢ
Herbe de Caude de Pays le quintal — — — 2ˢ
Herbe de Pilarid le quintal — — — — 4ˢ 4ᵈ
Huile de lauande le quˡ comme Eſſence de Romarin 4ˢ 10
Huile de Noix Eſtrangeres le quintal — — — 10ˢ
Huile de poix le quintal — — — — — 10ˢ
Herbe de Roudon Voyez Roudon — — — 4ˢ 4ᵈ

Marchandiſes.

Hoatte de ſoye la liure — — — — — 5ˢ

Eſpiceries & Drogueries.

I

Marchandises.

Iayet taillé, le quintal, quarante sols. —————— 2 ß — ß

Ionquines, le quintal, cinq sols. —————— ß 5 ß

Iargom du puis Fragmots Dhiacintes ou
Rubis Le quintal — — — — — 3

Iaspe brut Le quintal comme le marbre — 7 ß

Iupes de voiles piquées a — — — — 20 ß

Iupes de Taffetas piquées — — — — 16 ß

Espiceries & Drogueries.

L

LAcque platte de Prouence, le quintal, trois liures deux sols
six deniers. —————— 3 ß 2 ß 6

Marchandises.

Laines de Vigogne Le quintal — — — 2 ℔ 15 ß

Laine filée de Paris Le quintal — — — 1 ℔ 10 ß

Laine Pelade Etrangere Le quintal — — 14 ß 4 ß

Lupin Le quintal — — — — — — 7 ß 6 ß

Limaille de Letton de pays voyez Limaille
de Cuivre Le quintal — — — — — 8 ß

Eſpiceries & Drogueries.

M

Marsonin Le quintal 10.ſ

Melace ou ſirop noir Le quintal 10.ſ

Mine de Cuiure Le quintal 4.ſ

Musq en veſſie La liure . . . . . . 6.# — :

Mine de plomb a 6.ſ ou maſſicot a 11.ſ

Marchandiſes.

Marbre en table, le quintal, quinze ſols.	£ — ß 15 ₰ —
Marbre relevé, le quintal, trente ſols.	£ 1 ß 10 ₰ —
Marbre brut, le quintal, ſept ſols.	£ — ß 7 ₰ —
Moulin à poivre, la piece, trois ſols.	£ — ß 3 ₰ —
Moulin de bois à poivre, la piece, vn ſol.	£ — ß 1 ₰ —
Mohere de Tours, la piece, vingt-deux ſols.	£ 1 ß 2 ₰ —
Mouſquets d'Alemagne, la balle, trente ſols.	£ 1 ß 10 ₰ +
Monſeline de cotton, la piece, cinq ſols.	£ — ß 5 ₰ —

Montre d'horloge Comme La piece d'horloge . 10.ſ

Mouſſeline de Cotton Comme voile de Cotton
La piece de 10 aul.. . . . . 6.ſ

Moueres d'argent et ſoye La liure . . . 1.# 10.ſ

Mouſquet de Pays La Balle de 150.# . . 25.ſ

Eſpiceries & Drogueries.

N

NOir pour les Peintres, le quintal, trois ſols ſix deniers. — £ — ß 3 ₰ 6

Noix de Ciprez, le quintal, dix ſols. — £ — ß 10 ₰ —

Eſpiceries & Drogueries.

O

ORanges, la charge, deux ſols. ———————— ₶—ß 2 ₰—

Oculi Cancry, Le quintal — — — — 1₶ 5₰

Oignons de Safran, Le quintal — — — — 7₶ 6₰

Oignons d'Esquelles a — — — — — 5₰

Marchandiſes.

Ouvrages de fer Etranger Le quintal — — — 8₶

Eſpiceries & Drogueries.

P

POix blanche de Bourgongne, le quintal, neuf ſols. ——— ₶—ß 9 ₰—

Pierre noire Le quintal — — — — 3₰

Pipes a Tabac Le quintal Chapier — — 10₰

Pommade de Jasmin et autres ſenteurs
    Le quintal — — — — 4₶ 10₰

Pierre Ematique Le quintal — — — 2₶

Poix blanche Etrangere Le Cent — — 12₰

Pierre de Mine Le Cent — — — — 15₰

Marchandifes.

Peaux de Veaux d'Angleterre, la douzaine, quinze fols. —————— £—ß 15 ß—
Peaux de Veaux habillées en Buffle, la piece, dix fols. —————— £—ß 10 ß—
Peaux de Cerf cruës, la piece, trois fols. —————— £—ß 3 ß—
Peaux de Chamois cruës, la piece, vn fol. —————— £—ß 1 ß—
Peaux de Chagrin, la piece, deux fols. —————— £—ß 2 ß—
Pelleterie commune, le quintal, trois liures. —————— £ 3 ß—ß—
Petenuche filée, la balle, quarante-cinq fols. —————— £ 2 ß 5 ß—
Papier fin d'Italie, la balle, vnze fols. —————— £—ß 11 ß—
Pippes à Tabac, le quintal, dix fols. —————— £—ß 10 ß—
Plomb en dragée, le quintal, neuf fols. —————— £—ß 9 ß—
Plumes d'Auftruche, la liure, six fols. —————— £—ß 6 ß—
Points-coupez de Forefts, la liure, feize fols. —————— £—ß 16 ß—
Poil à Femme, le quintal, cinq fols. —————— £—ß 5 ß—
Poux de foye de Tours, la liure, six fols. —————— £—ß 6 ß—

Peaux en Jaune . . . . 12.
Parchemin Peteil Le quintal . . . . 3.
Peaux de Chevreüil en poil, La piece . . . 1. 60
Peaux de mouton en tripe Le quintal . . . . 6.
Peau d'Elan Cruës La piece . . . . . 5.
Peaux blanches Etrangeres Le quintal . . . . 12.
Peaux de Chien en blanc Le q.al 4 ſ. et la douzaine 2.ſ

✳ ## Eſpiceries & Drogueries.

Q

Quinquina La Liure — — — — — . . . 3.

Marchandifes.

P

Peau de Chamois habillé voyez Chamois
habillé en blanc et la douzaine — — — — 18.s 6d

Peaux de Veau habillé a annonnay la
Douzaine — — — — — — — — — 10.s

Peaux de Vaches habillées a annonnay
La douzaine — — — — — — — 10.s

Peaux de Vache habillé a annonnay la
pièce — — — — — — — — — 4.s

Peaux de Cerf habillés La pièce — — 10.s

Peaux de Loup Marin La pièce — — — 2.s

Peaux d'orinaux La pièce — — — — 5.s

Peaux en Jambes Etrangers, Le qal — 15.s

Peaux de Lapin Etranger Le qal — 1# 8.s

Peaux de Porc habillé a — — — 10.s

Peaux de Veau Canrozes La douzaine — 4.s

Peaux de Lapin de Pays Le qal — — 12.s 6d

Pierre d'agatte ouvrée, La livre — — 10.s

Pierre de Rochon Le quintal — — 1.s 6.d

Plomb de Mer Le quintal — — — 11.s

Plumes d'autruches apprestées voyez aigrettes
La livre — — — — — — — 9.s 6.d

Poilou cheveux La livre — — — 5.s

Poil de Chameaux Le quintal — — 8.s

Poil de Lapin Etranger Le quintal — 2# 10.s

Poil de Lapin de pays Le quintal — 1# 5.s

Poil de Carton La livre — — — 5.s

Poil de Chevre filé, Le quintal — 6# 13.s 4.d

Poil de Porc de Pays non ouvré Le qal — 10.s

Point coupez de forests La livre — — 16.s

P

Poil de Pourceaux Etranger Le 100 . . . . . 15.ˢ

Papeline, Fleuret ou Etoffes De Soyes de Paris, &
ͨ La Livre 5.ˢ

Papier d'Impreſſ.ᵉ Etrangere Le q.ᵃˡ 9.ˢ

Seaux de Veau, Chevre et Mouton en poil la
Douzaine 1.ᵗ 4.ˢ

Seaux de Chevreaux Cruë Etrangere La
balle de 200.ᵗ brut 14.ˢ 3.ᵈ

Seaux d'agneaux en Couleur Le quintal . . . 2.ᵗ

R

Racines de Brionias Le quintal - - - - 12 ſ
Rocou Le quintal - - - - 1ᵗ 10 ſ
Rodou ou Herbes du pré Le quintal - - - 4 ſ 4 ß
Roſſoly Le quintal - - - - 16 ſ
Rouge-brun d'angleterre Le quintal - - 10 ſ
Racines du pays Le quintal - - - - 3 ſ
Racines de Tirmelea - - - - 7 ſ

Marchandiſes. Le qᵃˡ

Rougneüres de Cartes, le quintal, deux ſols. —————— ₶ — ß 2 ᵈ —
Roucquaille, le quintal, trente ſols. —————— ₶ 1 ß 10 ᵈ —
Rubans à la digue, la liure, vingt-quatre ſols. —————— ₶ 1 ß 4 ᵈ —

Ratine d'hollande et ſedan La piece de 20 aus - 3ᵗ
Robes de Chambre de Taffetas auec or et argᵗ
La piece - - - - 2ᵗ
Robes de Chambre d'jndienne La piece - - 1ᵗ
Robes de Taffetas La piece - - - 1ᵗ 10 ſ
Ruban de fleuret Estranger - - - 8 ſ
Ruban de fleuret de Pars - - - 4 ſ
Ras de Sᵗ Maur - - - 10 ſ

Eſpiceries & Drogueries.

S

SQuille, le quintal, quatre ſols. —————— ₶ — ß 4 ᵈ —
Sang de Boucq Le quintal - - - - 10 ſ
Sanguine ou Rouge d'angleterre Le quintal - 10 ſ
Savonnettes de Boulogne Le quintal Comme
mercerie d'jtalie - - - - 7 — 4
Sel tamaris Le quintal - - - 1ᵗ ſ ſ
Sel Nitre Le quintal - - - - 11 ſ
Semence de Perles Lente - - - 10 ſ
Sermontant Le quintal - - - 9 ſ
Sauciſſons de Boulogne Le quintal - - 2ᵗ
Sorbecq Le quintal - - - - S ᵗ
Sel de Tartre ou creme de Tartres a - - 10 ſ

Marchandiſes.

Sarges de pays , la piece , trois ſols. ——————————— ₶— ß 3 ₰—
Sarges de Londres , la piece , vingt ſols. —————————— ₶ 1 ß— ₰—
Sarges Barracanées , la piece , dix ſols. —————————— ₶— ß 10 ₰—
Sarges , & Bayette de Beauvais , le quintal , trente-huiĉt ſols. —₶ 1 ß 18 ₰
Sargettes de Chartres , le quintal , deux liures quinze ſols. ——₶ 2 ß 15 ₰
Sarges de Limeſtre & Diepe , le quintal , trois liures. ————₶ 3 ß— ₰—
Sarges de Troye , le quintal , deux liures. ———————₶ 2 ß— ₰—
Sarges d'Eſpagne , la piece , trois liures. ——————₶ 3 ß— ₰—
Sarges de Chaſlon , la piece , quinze ſols. ————————₶— ß 15 ₰
Sarges de Chaſtillon , le quintal , deux liures. ————₶ 2 ß— ₰—
Soye de Porc , le quintal , deux liures. ——————₶ 2 ß— ₰—

Sarges de Londres Couleur de feu. La piece de 20
aul̃. ———————————————— 7ᵗᵗ. 5ˢ
Soudures d'Etain Le quintal - - - - - - - 9ˢ
Soye a cordonnier Voyez Mercerie d'allemagne
Straſſe de ſoye Voyez Bourre de ſoye Le qᵃˡ. 3ᵗᵗ
Sauuagine Etrangere a - - - - - - - 3ᵗᵗ.10ˢ
Sarge d'arnetal a 3ᵗᵗ Le quintal
Sonnettes de fonte a 15ˢ

Eſpiceries & Drogueries.

T

Terre Verte de Veronne ou Cypre Le qᵃˡ. - 10ˢ
Terre Verte Commune , Le quintal . . . - - - 3ˢ
Terre verte demiere Le quintal - - - - - 3ˢ
Terre d'ombre Le quintal - - - - - - 10ˢ
Trace de praſolas La liure - - - - - 1ˢ 6ᵈ
Ferres Blanche a faire Creuſets - - - 2ˢ 6ᵈ
Ferraille La Charge - - - - - - 2ˢ

Marchandiſes.

Tabernacles de bois peints & dorez , la piece , ſept liures. ———₶ 7 ß— ₰—
Tabernacles de bois non dorez , la piece , trois liures. ———₶ 3 ß— ₰—
Tableaux de France , le quintal , vingt-cinq ſols. ———₶ 1 ß 5 ₰—
Toilles de Laual blanchies à Troyes , la piece , trois ſols. ———₶— ß 3 ₰—

Toilles

Toiles de courtray La piece de 15 a 16 aul. · — — · — 16.ˢ
Toiles jndiennes La piece De 5 aulnes · — — — — · 5.ˢ
Toilles mittes La piece de 5 aulnes comme Cottonine · ᵒˢ · 2.ˢ 6.ᵈ
Toilles barrees de montbeillard La piece · · — — — · 8.ˢ

A f³ 9 a 10 aulnes

Toilles de cotton, la piece, six fols. ———————— 2—ß 6 §—
Toilles barrées de Lorraine, la piece, fept fols fix deniers. ——2—ß 7 § 6
Toilles de Bretagne, la piece, deux fols. ———————2—ß 2 §—
Toilles de Picardie, Beauuais, & quintins, tirans fix aulnes ou en-
uiron, la piece, quatre fols. ————————2—ß 4 §—

Taques fontes de fer Le quintal · · · — — · — 4.ˢ
Taffetas Ciré La liure · — — · — — — 6.ˢ
Taffetas a feüillage D'or de france La liure · — · — 1.ᵗᵗ —
Taffetas de france Rayé D'argent La liure · — — · 15.ˢ
Tapis jndiennes La piece · — · — — — 5.ˢ
Tayolles ou Ceinture De fil La douzaine · — · — 6.ˢ
Toiles Cirée Le quintal — · — — · — 2.ᵗᵗ
Toyore de fer Le quintal · — — — — 4.ˢ
Toiles de tamis Le quintal · — — · 12.ˢ 6.ᵈ
Toile de bourre de Leuant La piece de 10 aul. — — 2.ˢ 6.ᵈ
Toillette piqué 5.ˢ

Eſpiceries & Drogueries.

V

Marchandiſes.

Vaiſſelle façon de Fayence, de France, le quintal, quinze fols. —2—ß 15 §—
Vanne d'oſier, la douzaine, vn fol. —————————2—ß 1 §—
Vieux Parchemin, le quintal, trois fols. ———————2—ß 3 §—
Vieux fer, le quintal, deux fols. ————————2—ß 2 §—
Verre à moulon, le quintal, vn fol fix deniers. ——2—ß 1 § 6

Verre de Chriſtal de Longehampere, Cor fur aucée — 4.ᵗᵗ
& Neuen Le quintal — — · — — — · 4.ˢ
Verre de Buqey Sacon de fuiffe Le qᵗᵃˡ. · 2.ᵗᵗ
Vieux plomb Le quintal · — — · — 5.ˢ

X

Marchandiſes.

Eſpiceries & Drogueries.

Y

Marchandiſes.

Z

Zain Le quintal 1ˡᵗ 5ˢ

Marchandiſes.

www.ingramcontent.com/pod-product-compliance
Ingram Content Group UK Ltd.
Pitfield, Milton Keynes, MK11 3LW, UK
UKHW020247180726
13839UKWH00001B/230